和聪明的投资者一起学习投资

格雷厄姆之道

如何在中国实践价值投资

轻松版的《证券分析》

结合中国投资市场实践，易懂易学

九位投资大师联手教你格雷厄姆式价值投资

姜开舰（Passion 启航）著

中国经济出版社
CHINA ECONOMIC PUBLISHING HOUSE
·北 京·

图书在版编目（CIP）数据

格雷厄姆之道：如何在中国实践价值投资 / 姜开舰著 .
北京：中国经济出版社，2017. 4
ISBN 978 - 7 - 5136 - 4652 - 9

Ⅰ. ①格… Ⅱ. ①姜… Ⅲ. ①股票投资—研究—中国 Ⅳ. ①F832. 51

中国版本图书馆 CIP 数据核字（2017）第 051559 号

责任编辑 燕丽丽
责任审读 贺 静
责任印制 巢新强
封面设计 任燕飞

出版发行 中国经济出版社
印 刷 者 北京力信诚印刷有限公司
经 销 者 各地新华书店
开 本 710mm × 1000mm 1/16
印 张 14. 25
字 数 150 千字
版 次 2017 年 4 月第 1 版
印 次 2018 年 1 月第 5 次
定 价 48. 00 元
广告经营许可证 京西工商广字第 8179 号

中国经济出版社 **网址** www. economyph. com **社址** 北京市西城区百万庄北街 3 号 **邮编** 100037
本版图书如存在印装质量问题，请与本社发行中心联系调换（联系电话：010 - 68330607）

现在已然衰朽者，将来可能重放异彩；现在备受青睐者，将来却可能日渐衰朽。

推荐序一

投资的“论语”

读完《格雷厄姆之道》，深刻感受到这是一本关于投资话题的“论语”。《论语》是中国传统文化的代表作，集中体现了孔子的政治主张、伦理思想、道德观念及教育原则等，是儒家学派的经典著作之一。而格雷厄姆则享有“华尔街教父”的美誉，是价值投资方法论的开山鼻祖，其所著《证券分析》一书被誉为价值投资的“圣经”。格雷厄姆的门徒遍及投资界，其中不乏巴菲特、施洛斯、邓普顿这样的投资大师。巴菲特曾说：“不读《证券分析》十二遍，不做任何投资。”姜开舰先生通过门徒向格雷厄姆问道对话的形式，将多位格雷厄姆式风格的价值投资大师“聚”在一起，根据各自的经验讨论关于价值投资的各种问题，以一种更加轻松简单的形式，让更多的投资者了解格雷厄姆的投资思想。这种写作方法，化繁为简，让这本《格雷厄姆之道》充满可读性。作者将晦涩难懂的《证券分析》深入浅出地展现在读者眼前，本书就像是一本关于投资话题的“论语”，让格雷厄姆这位大师的智慧，为我们的投资指引方向。

作者在本书中化身为“门徒”，而大师们则有格雷厄姆、巴菲特、施洛斯、卡恩、布兰帝、邓普顿……这些投资大家们都师从或皈依格雷厄姆的价值投资方法论，在漫长的投资岁月中又进一步完善和发展价值投资的体系，形成了自己鲜明的投资特色与思想。书中对价值投资的原理、估值、公司分析、投资分析、组合管理、投资方法以及投资答疑，都以与大师对话的形式做了丰富精彩的论述。阅读完本书，感觉就像《论语》所说的“温故而知新”那样，价值投资者可以重新审视与反思自己的投资理念——以前不清晰的概念和知识点会有更加系统的了解，也能够清楚过去接触的一些投资知识的出处在哪里。

正如书名所示，本书的核心是论述价值投资。对于价值投资的定义，书中开篇就引用格雷厄姆的原话“用远低于公司内在价值的价格购买该公司的股票”进行了说明，这是与趋势投资或技术派的根本区别。在此基础上，通过关于价值投资的两门课程和“市场先生”的寓言，作者全面介绍了大师们对价值投资的理解和诠释，引出了核心思想——安全边际。“安全边际是价值投资最核心的思想，它贯穿价值投资过程的始终”“安全边际就是股票的买入价相对于净资产有充足的折价”，格雷厄姆和施洛斯的观点简单鲜明。为了更清晰地解释安全边际，作者还专门用案例进一步说明。书中类似的案例不胜枚举，既帮助读者加深理解，也彰显了作者本人深厚的投资功力。

本书用了很大的篇幅对公司分析和投资分析做了细致描述，我本人觉得这部分内容特别精彩，“干货”特别多。格雷厄姆对价值投资的立论基础就是定量分析，在此基础上才涉及定性分析，这都涉及一个核心问题：如何给企业估值。在这部分章节，作者煞费苦心地制作了大量表格，列举了大量实际案例，细致入微地将估值的基本理念和定义、术语与要点、方法和窍门展现在读者面前。尤其让我印象深刻的是格雷厄姆的一句话：“证券分析是一个非常讲究时效性的工作，如果一个变量对最终结果影响不超过5%，就不用花太多的精力去关注这个变量。”这让我受益匪浅！过去自己在做公司分析和投资分析时，事无巨细，时常陷入数字的汪洋大海中，感觉估值分析是一项烦琐而艰难的工作，一直不得其法。阅读本书，真有一种豁然开朗的感觉。

对于更深入的投资组合管理，以及各类投资标的和方法，作者同样没有遗漏掉，用了大量笔墨对各位投资大师的观点做了细致剖析。为了照顾读者群的不同投资水平，作者又不厌其烦地在该书的后半部分专门安排了一章投资答疑，对投资过程中许多带有普遍性的问题，用投资大师作答的方式，给出了明确的解释说明。

格雷厄姆以及其后的许多价值投资大师，他们对投资的感悟和理念都博大精深。而价值投资方法论在问世百年后的今天，由于其精湛的内涵和严密的逻辑，仍然保持着旺盛的生命力，散发着古老的青春活力，仍然指引着无数门徒在投资的道路上孜孜不倦地探求下去！

“学而时习之，不亦说乎！”

（在“格老”的相关研究中，本书也算得上是精品，我们公司也把此书作为内部学习资料来使用。此文由本公司研究员王强执笔。）

sosme

2016年12月29日

推荐序二

姜开舰兄把手稿送至我手中后，我花了一段不短的时间，逐字逐句地看完了。

两个字概括：精彩。四个字概括：值得期待。

尽管我读过《证券分析》，也读过《聪明的投资者》，但听完一位将这两本书读烂了的作者讲述格雷厄姆的故事，我禁不住猜想：与当年的巴菲特“同学”相比，作者对格雷厄姆之“道”的了解，似乎不遑多让？

不止这些……

作者涉猎的范围还扩展至几乎整个“格雷厄姆与多德镇的超级明星们”。假设你是书中的“门徒”，你不止会和格雷厄姆对话，还会与所有这些明星们对话。话题不仅涉及价值投资的方方面面，而且内容深入浅出，话风轻松愉快。

无疑，你的投资素养会因为读这本书，跃上一个高高的台阶。

2017 年的新书单中，没有理由不包含这一本！

任俊杰

2017 年 1 月 5 日

自序

沃伦·巴菲特曾说："不读《证券分析》十二遍，不做任何投资。"本杰明·格雷厄姆的《证券分析》自1934年出版以来，一直被誉为投资者的"圣经"。有一次，巴菲特在回忆1950年他上格雷厄姆和多德的证券分析课程时说："事实上，我甚至比《证券分析》的合著者多德更熟悉这本书。我可以随口引用书中任何一段内容。这本书有七八百页厚，我却熟悉了解书中任何一个案例，我已经把整本书消化吸收了。"可见沃伦·巴菲特对这本书的重视程度和熟悉程度。

虽然人们在谈论价值投资时经常会提起《证券分析》，但是人们并没有给予这本书足够的重视，很多人都觉得这本书过于晦涩难懂。

为了解决这个问题，格雷厄姆又为普通投资者写了一本《聪明的投资人》。《聪明的投资人》是《证券分析》的普及版，更注重的是投资的原理和投资者的态度，并没有详细讲解证券分析中的技巧。全书为不同类型的投资者提供了多种组合投资策略。也就是说，按照书中的策略筛选出股票后，投资者并不知道怎样对这些筛选出来的个股作进一步的价值评估。投资者知其然而不知其所以然，因此，很难有信心将这些组合投资策略坚持下去。另外，对《证券分析》研究得越多，就越会发现《证券分析》中有很多重要的观点是《聪明的投资人》没有涉及的。可以说《证券分析》是不可替代的，而且是必须阅读的。为了解决《证券分析》过于晦涩难懂，而《聪明的投资人》又过于简略的问题，《格雷厄姆之道》的估值篇采用了一种非常简单的方式，讲解了格雷厄姆式价值投资的个股估值方法。

本书的写作源于一次偶然。一次，笔者在雪球上发表了一篇关于格雷厄姆投资思想的文章，一位雪球“球友”评论：“《证券分析》太晦涩了，此文表达精练，更加易懂。”这位“球友”的评论提醒了我。为什么不能将晦涩难懂的《证券分析》以一种更加轻松简单的形式表达出来，让更多的投资者了解格雷厄姆的投资思想呢？

化繁为简说起来简单，做起来却非常困难。本书中，每一个将格雷厄姆思想化繁为简的灵感都来之不易，其中很多点子都耗费很多天的冥想苦思。

笔者为本书的写作提出了三点要求：

（1）观点必须符合本杰明·格雷厄姆的原笔原意；

（2）内容浅显易懂，让普通投资者都能看明白；

（3）语言生动幽默，让普通投资者有兴趣读完全书。

任何人问我是否有一套自己的投资体系，我都会回答说，我没有自己的投资体系，我的投资体系都是从格雷厄姆那里学来的。通过多年来对本杰明·格雷厄姆投资思想的研究和实践，相信达到第一点要求应该没有问题。

为了让全书通俗易读，笔者采用了门徒向格雷厄姆问道对话的形式，将多位格雷厄姆式投资风格的价值投资大师“聚”在一起，根据他们各自的经验，讨论关于价值投资的各种问题。需要注意的是，全书选择的都是按照格雷厄姆的投资方式进行投资的大师，所以，沃伦·巴菲特并不是全书的主角。同时，全书采用了A股、港股等多个市场中近50个真实案例，这些案例大部分都是笔者这些年实践格雷厄姆式价值投资的过程中曾经买过的股票。

第三点关于语言生动幽默的想法，笔者本想让这些价值投资大师和门徒来一场群口相声。但本书的编辑建议，投资类书籍尽量不要过度娱乐化，因此在编辑“竭力劝阻”之下，抖包袱的计划只好作罢。书中的门徒起到相声中捧哏的作用，穿针引线，提出问题，引导读者逐步深入了解价值投资。

另外，笔者认为，格雷厄姆绝对是一位被低估的大师，很少有人能够比他对股市运行规律有更深刻的认识。但很多投资者误以为格雷厄姆的投资方式就只是“捡烟蒂”，这种投资方式只是1929年美国经济大萧条的产物，现在已经不适用了。事实上，格雷厄姆的投资方式绝不仅仅是“捡烟蒂”，他为投资者提供了很多种不同的投资方法。在“方法篇”中，笔者会利用真实的案例对这些投资方法逐一进行讲解。

希望本书能够帮助更多的投资者了解格雷厄姆的思想，让这位大师的智慧为我们的投资指引方向。

姜开舰

2016年11月27日

出场人物介绍

本杰明·格雷厄姆（Benjamin Graham）

本杰明·格雷厄姆被誉为“现代证券分析之父”“华尔街教父”，他最早创建了价值投资理论，其在投资界的地位，相当于物理学界的爱因斯坦，生物学界的达尔文。

作为一代宗师，他的投资哲学为“股神”巴菲特、“市盈率鼻祖”约翰·聂夫、“指数基金教父”约翰·博格等大批顶级投资大师所推崇，如今活跃在华尔街的数十位资产规模上亿美元的投资管理人都自称为他的信徒。

本杰明·格雷厄姆30年投资生涯的年化收益率是17%，如果加上政府雇员保险公司的收益，年化收益率达到21%。

沃尔特·施洛斯（Walter Schloss）

沃尔特·施洛斯没有读过大学，1934年开始了在华尔街的第一份工作，并在夜校上了格雷厄姆教的证券分析课程。后来施洛斯加入了格雷厄姆的公司，为格雷厄姆工作了近十年。1955年他成立了沃尔特·施洛斯合伙人公司。巴菲特称他为“超级投资者”。他为人一直非常低调，很少有人知道他。他是格雷厄姆的忠实门徒，几乎复制了格雷厄姆的投资方式，他比巴菲特更“格雷厄姆”。1955—2002年，他投资生涯的年化收益率达到16%，资产增值1000倍以上。

沃伦·巴菲特（Warren Buffett）

沃伦·巴菲特是伯克希尔－哈撒韦公司的董事长，被誉为“股神”，“价值投资”理念最伟大的践行者。他是本杰明·格雷厄姆在哥伦比亚大学的学生，曾经为本杰明·格雷厄姆工作。他认为自己的投资理论中，有85%来自于格雷厄姆。他甚至给自己的儿子取名为霍华德·格雷厄姆·巴菲特，以纪念恩师。

1957—1969年，巴菲特合伙基金期间，巴菲特完全按照本杰明·格雷厄姆的投资方式投资，有限合伙人取得了年化收益率23.8%的超高收益。1964—2015年，伯克希尔－哈撒韦公司股票的每股账面价值从19美元增加至155501美元，年复合增长率为19.2%，每股账面价值合计增长了8000倍。

欧文·卡恩（Irving Kahn）

欧文·卡恩也是直接受教于本杰明·格雷厄姆的投资大师，他认识格雷厄姆比巴菲特还要早20年，他也曾经为格雷厄姆工作，曾担任格雷厄姆的助手长达27年之久。

欧文·卡恩是华尔街最长寿的投资人，他在107岁的高龄依然担任卡恩兄弟集团主席。投资者如果在1978年向卡恩兄弟投资100万美元的话，如今这笔资金已经上涨至4000万美元。

他是格雷厄姆提出的“净流动资产价值”概念的严格实践者。他将自己的成功归因于格雷厄姆。他认为自己从格雷厄姆身上学到的最重要的东西是抵御赚取快钱诱惑的能力。

查尔斯·布兰帝（Charles Brandes）

1970年，当查尔斯·布兰帝还是一名股票经纪人时，认识了本杰明·格雷厄姆，并定期拜访格雷厄姆，学习价值投资。1974年，查尔斯·布兰帝创立了布兰帝投资伙伴公司，在全球市场应用格雷厄姆的价值投资理论。开始时，他为投资人管理的资产只有1.3亿美元，到了2001年，旗下管理资产总额已达750亿美元以上，被尼尔森公司选为2000年最佳基金经理人第一名。1981—2001年，布兰帝全球权益基金的年化收益率达到17.91%。

特维迪·布朗（Tweedy Browne）

特维迪·布朗公司创建于1945年。开始时，格雷厄姆一直是特维迪·布朗公司的客户，特维迪·布朗公司与格雷厄姆的办公室比肩而邻。受格雷厄姆的影响，特维迪·布朗公司开始运用格雷厄姆的价值投资理念，开展资金管理业务。1955年，沃尔特·施洛斯搬进了特维迪·布朗公司的办公室，他的办公桌紧挨着走廊的冷水机和衣帽架，沃尔特·施洛斯就是在那里创造了50年资产增值1000倍的“神迹”。

1968—1983年，特维迪·布朗公司的年化收益率达到16%。

约翰·邓普顿（John Templeton）

约翰·邓普顿是邓普顿集团的创始人，一直被誉为全球最具智慧以及最受尊崇的投资者之一。*Money* 杂志将他誉为“20世纪当之无愧的全球最伟大的选股人”。福布斯称他为“全球投资之父”及“历史上最成功的基金经理之一”。2006年，他被美国《纽约时报》评选为“20世纪全球十大顶尖基金经理人”。约翰·邓普顿崇尚逆向投资，他认为：牛市在悲观中诞生，在怀疑中成长，在乐观中成熟，在兴奋中死亡。最悲观的时刻正是买进的最佳时机，最乐观的时刻正是卖出的最佳时机。

麦克尔·普莱斯（Michael Price）

麦克尔·普莱斯是美国价值型基金经理人中的传奇人物，他于2006年入选《纽约时报》评选的“全球十大顶尖基金经理人”。

他从1976年开始成为共同股份基金的基金经理人，当时基金管理的资产只有500万美元。截至1996年，他管理的四只基金资产达130亿美元，20年间成长了2600倍。2001年，他创建了自己的基金。现在他管理着16亿美元的资金，其中大部分是自己的钱。

谢清海

谢清海是香港惠理基金公司的创始人，他是一位虔诚的价值投资者，深谙价值投资保本宗旨，擅长逆市投资，有“亚洲巴菲特”之称。他倡导投资于业务而非股票，注重回避风险。

香港惠理基金公司于1993年成立，2007年在香港上市。从1993年仅管理几百万美元资产到2010年管理资产超过70亿美元。旗下旗舰基金惠理价值A系列自1993年成立起，累计涨幅1623.5%，同期恒指涨幅300.9%。

目 录

第一章

原理

第一节　价值投资

价值投资的优势

门徒　为什么非要进行价值投资呢？价值投资能赚钱吗？

本杰明·格雷厄姆　股市中的交易方式确实有很多种，但大多算不上投资。价值投资不会让你一夜暴富，但它可以在保证本金安全的前提下让你的资产增值。

沃伦·巴菲特　1984年我在哥伦比亚大学做过一次演讲。演讲中我列举了七位格雷厄姆门徒非常成功的收益记录，这些收益记录并不是我事后从几千人里选出来的。他们其中几位曾是格雷厄姆商学院的学生，另外几位曾经在格雷厄姆的公司工作过。这些投资者多年的收益表现足以证明价值投资的可靠性。

表1－1　格雷厄姆与多德都市的超级投资者们的投资收益

	年化收益率		
沃伦·巴菲特合伙有限公司（1957—1969）	沃伦·巴菲特合伙公司	沃伦·巴菲特有限合伙人	道琼斯指数
	29.50%	23.80%	7.40%

续表

	年化收益率		
沃尔特·施洛斯（1956—1983）	WJS 合伙公司	WJS 有限合伙人	标准普尔 500 指数
	21.30%	16.10%	8.40%
特维迪·布朗（TBK）（1968—1983）	TBK 公司整体	TBK 有限合伙人	标准普尔 500 指数
	20%	16%	7%
红杉基金（1970—1984）	红杉基金		标准普尔 500 指数
	17.20%		10%
查理·芒格（1962—1975）	总体合伙公司	有限合伙公司	道琼斯指数
	19.80%	13.70%	5%
太平洋合伙有限公司（1965—1983）	总体合伙公司	有限合伙公司	标准普尔 500 指数
	32.90%	23.60%	7.80%
珀尔米特投资公司（1965—1983）	总体合伙	有限合伙	道琼斯指数
	23%	19%	7%

门徒　他们的收益看起来确实很棒！

沃伦·巴菲特　57 年来，我一直遵循着格雷厄姆和多德两位恩师阐述的投资路线图。对我而言，没有任何理由再去寻找其他的投资方法了。

什么是价值投资

门徒　能用最简单的方式告诉我到底什么是价值投资吗？

本杰明·格雷厄姆　价值投资就是，用远低于公司内在价值的价格购买该公司的股票。这样能明白吗？

门徒　不太明白。

本杰明·格雷厄姆　简单理解，就是用 50 分买入价值 1 元的东西。

欧文·卡恩　价值投资就像是冬天在人们都不买短裙时以极其便宜的价格买入短裙；然后，等到夏天，当人们对短裙重新感兴趣时，再将短裙高价卖出。市场上总有一部分股票是当前受欢迎的，而另一部分股票是当前不受欢迎的。如果你能够做到这一点，你就已经成功一半了。

门徒　我大概明白了。价值投资听上去并不复杂。

本杰明·格雷厄姆　是的，冬天以低价买短裙，听上去很容易，但做起来却非常困难，因为你所做的事情与大多数市场参与者是相反的。如果想要超出市场平均收益，就一定不能去追求当前最流行的观点。

查尔斯·布兰帝　你可以想象自己正在戏院看戏，当所有人都在安静地看戏时，你觉得戏演得很赞，第一个站起来鼓掌。你在做着与大众主体意见相反的事情，所以价值投资理论非常简单，但做起来却非常困难。

本杰明·格雷厄姆　要想明白什么是价值投资，需要先理解金融思维和商业思维的区别是什么。

金融思维和商业思维

门徒　什么是商业思维呢？

本杰明·格雷厄姆　首先，要弄清楚，买股票就是买公司的一部分，要把股票看作公司的部分所有权。

预测市场喜好是不可能的。要想在股市取得成功，首先必须正确思考；然后，必须独立思考。你需要回归基本常识，要弄清楚股票不只是每天上下波动的数字，它代表的是公司的部分所有权。一家公司就好像一整张比萨，这张比萨被切成很多份，每一只股票就代表其中一份所有权。我们在购买股票时需要问的第一个问题就是“这家公司整体卖多少钱”。需要知道，在一个老练的商人眼里，这家公司值多少钱。

门徒　那什么是金融思维呢？

本杰明·格雷厄姆　在股市中令人难以置信的是，人们从来不问这家公司卖多少钱。

金融市场用这样一个公式为股票定价：**价格＝每股收益×市盈率**。

每股收益，通常指最近一期财务报告上的每股收益。

用每股收益乘以一个合适的市盈率，这个市盈率是由多个因素共同决定的，它们包括：股息；公司的规模，声誉，财务状况和前景；公司类型；市场的整体趋势（牛市的市盈率通常高于熊市）。

门徒　金融思维有什么不好吗？

本杰明·格雷厄姆　上述公式的结果是，大多数情况下，每股收益在决定股票价格时所占的权重，相当于考虑所有其他因素权重的总和。这个事实显而易见，因为市盈率本身很大程度也是由收益趋势决定的，这样就**片面强调了收益这个因素**。

[案例分析　比亚迪股份 H]

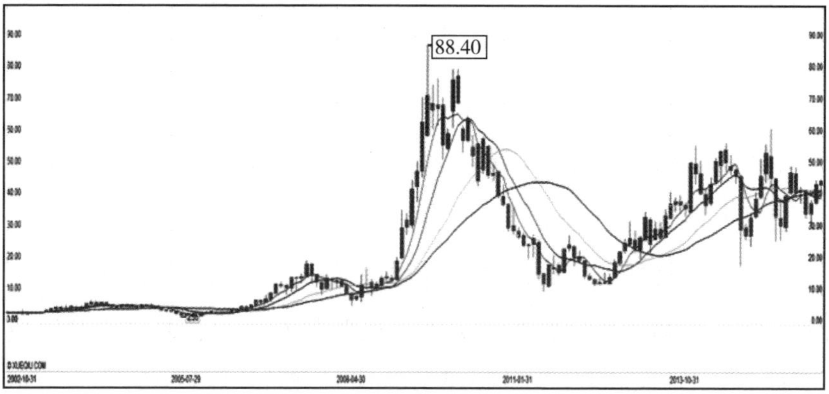

图 1－1　2002—2015 年比亚迪股份 H 股价走势

2008 年，港股比亚迪股份的股价跌到最低 6 港元，仅仅一年之后，公司的股价就涨到了最高 88 港元，到了 2011 年，公司的股价又下跌回了 10 港元。一家公司的价值是很难在这么短的时间内发生十倍上下的变化的。股价波动幅度如此之大，正是因为金融市场的定价方式给予了每股收益这个变量过大的权重造成的。如图 1－1、图 1－2

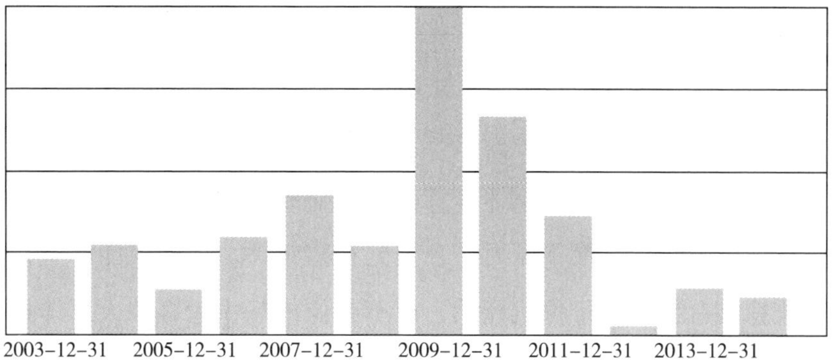

图 1-2 2003—2014 年比亚迪 H 的股东应占盈利

所示，公司历年的股价就是随着收益的变化而变动的。

本杰明·格雷厄姆　金融市场对一家公司的估值方式与真正商业世界对一家公司的估值方式是完全不同的。金融思维和商业思维的分歧也就是价值投资理论的出发点。

金融思维过分地强调收益这个因素，会有以下 3 个弊端。

（1）采用正常的商业思维，并购一家公司要对资产和收益进行双重考量，双重考量要比单一强调收益的评估方式更加可靠。

（2）与资产相比，每股收益的变化更加剧烈，这样在股票估值时就包含了一种被夸大的不稳定性。

（3）每股收益很容易被人为操纵。投资者必须结合资产负债表期初和期末的数据，才有可能真正理解利润表的含义。

我们在投资过程中最应该做的就是回归常识，用正常的商业思维进行投资。以净资产价值为出发点并坚持不变，然后再考虑其他因素。

简单点说就是：一个老练而又谨慎的商人如果打算收购这家公司愿意出的价钱，就是证明普通股投资是否合理的试金石。

查尔斯·布兰帝　我们做价值投资就好像足球比赛罚点球。在罚点球时，94%的守门员不是向左扑球就是向右扑球，他们需要做方向上的判断。但是统计结果表明，守门员猜对方向的概率只有25%。如果守门员站在球门中间，不去猜测来球的方向，结果显示竟然能够扑出60%的罚球。虽然这听起来很简单，但做起来会非常困难。因为当你站在球门中间什么都不做时，会受到很多批评。你如果能够坚持按照商业思维对公司进行价值评估，而不是像市场中大多数人那样按照金融思维思考，不去管市场上的各种噪音，你的投资将会非常成功。

门徒　我明白了，买股票就是买公司，要像老练的商人收购公司那样去买股票，是这样吧？

本杰明·格雷厄姆　是的。

价值投资的两门课程

门徒　如果想要在股市取得不错的投资收益，具体需要做些什么呢？很难吗？

本杰明·格雷厄姆　要想在一生中获得投资的成功，并不需要顶尖的智商、超凡的商业智慧或内幕信息，而是需要一个稳妥的知识体系作为决策的基础，并且有能力控制自己的情绪，使其不会对这种体系造成侵蚀。

如果你能遵守买股票就是买公司、市场先生理论和安全边际原则，你就能够获得不错的投资收益。

投资没那么复杂，只需学好两门课程，一是如何看待股市波动，二是如何给公司估值。

门徒　如果想取得杰出的投资收益，需要做些什么呢？

本杰明·格雷厄姆　如果想取得杰出的投资收益，这既取决于你在投资方面付出的努力和拥有的知识，也取决于在你的投资生涯中，股票市场的愚蠢程度有多大。股市行为越愚蠢，理性投资者的机会就越大。取得不错的投资收益，要比大部分人想象的容易；取得杰出的投资收益，要比大部分人想象的难。

第二节　市场波动、估值与安全边际

市场波动

门徒　应该怎样看待市场波动呢？

本杰明·格雷厄姆　我来给你讲一个市场先生的小故事，可以帮助你弄明白应该怎样看待股市波动。

投资人可以试着将股市的波动当作一位市场先生每天为你的报价。不管怎样，市场先生每天都会报个价格，要买下你手中的股份或是将自己手中的股份卖给你。市场先生有个毛病，那就是他的情绪很不稳定。当他高兴时，往往只看到公司好的一面，他会给出一个很高的价格。当他沮丧时，眼中只看到这家公司的各种问题，这时他会给出一个非常低的价格。

市场先生还有一个很可爱的特点，那就是他不在乎被冷落。若今天他提出的价格不被接受，第二天他还会上门重新报价。要不要交易，完全由你做主。市场先生是来为你服务的，千万不要受到他的诱惑而被他牵着走。市场先生的行为越愚蠢，理性投资者的机会就越大。听从这个教导，你将从愚蠢中获利而不是深陷其中。

记住，市场先生是为你服务的，不要被市场先生指挥。

另外，你需要了解市场。要想聪明地进行证券投资，你必须事先对不同的证券在不同条件下的表现有足够的认识，至少其中某些条件会在一个人的投资经历中反复重演。忘记过去的人，必将重蹈覆辙。

查尔斯·布兰帝　很多大机构都对股价短期波动很在意，这很疯狂。我们从基础的商业角度来看，股价的短期波动是没有任何意义的。

沃尔特·施洛斯　在投资时不带情绪地思考，并不是一种简单的能力。贪婪和恐惧很容易影响人的判断力。关于情绪控制，很久以前沃伦·巴菲特给我讲过一个有意思的事情。美国广播公司，也就是现在的 ABC 公司，当时股价大概是30 美元，具体我记不清了。巴菲特告诉一个经纪人："我要买 10 万股，我的出价是 29 美元，要是 29 美元买不到，明天就出 28 美元。"果然，第二天，那个经纪人打电话给巴菲特说："沃伦，现在你可以在 29 美元买到 10 万股了。"巴菲特回答说："不行，今天我只出价 28 美元。"我可能就做不到，我觉得我控制情绪的能力没有巴菲特强。巴菲特说最后他以 26 美元买到了这只股票。这就是控制情绪的重要性。

沃伦·巴菲特　确实有这事儿。记住，要让市场先生为你服务，而不要被市场先生指挥。

门徒　我明白了，就是把市场波动当作每天市场先生的报价，充分利用市场先生不稳定的情绪赚钱。那怎样给公司估值呢?

本杰明·格雷厄姆　关于估值，说来话长，我会在估值篇详细讲述。

安全边际

本杰明·格雷厄姆　安全边际是价值投资最核心的思想，它贯穿价值投资过程的始终，虽然有时并不是那么明显。**安全边际就是证券的市场价格低于证券内在价值的差额**。说简单点就是一定要留有余地，估值1元的股票，股价在90分时，我们是不会感兴趣的，股价必须明显低于估值时才能买入。能以66分（内在价值的2/3）甚至更低的价格买入股票，这才是我们要的安全边际。充足的安全边际可以帮助投资者在犯错误的情况下依然能保证本金的安全。安全边际越大，投资就越安全，未来的潜在收益就会越高。

沃伦·巴菲特　安全边际可以这样理解，不要试图开着9800磅重的卡车过承载能力10000磅的桥。再去找一座承载能力为15000磅的桥过河。

查尔斯·布兰帝　因为你不知道未来会发生什么，你必须以估算内在价值打折的价格买入股票，这个折扣部分就是安全边际。当未来不及预期时，安全边际可以对你的投资起到保护作用。本杰明·格雷厄姆过去一直强调要买入股价是内在价值三分之二的股票。

特维迪·布朗　当我们以66分买入内在价值1元的股票时，如果我们的估值是正确的，即使股价上涨50%，也不会高估；如果股市大跌，我们也不会紧张，因为我们的买入价比公司的内在价值低很多。安全边际不只是投资安全的保障，同时也是价值投资者创造财富的秘密。有了足够的安全边际，我们不仅可以赚公司价值增长的钱，还可以赚股票价值回归的钱。

沃尔特·施洛斯　在我看来，安全边际就是股票的买入价相对于净资产有充足的折价。

本杰明·格雷厄姆　我们之后会谈到公司的财务状况，会对公司的负债提出一些要求，这本身就是安全边际思想的应用。

[案例分析 马克卡车公司]

举一个1940年版《证券分析》附录上马克卡车公司的案例，来说明安全边际的作用。1933年马克卡车公司的股价只有15美元，公司已经连续两年亏损，股价相对于资产和平均收益都极其便宜，有着充足的安全边际。

从定性的角度来看，这家公司是重要产业中最大的公司，因此有充分的理由期待它可以重新获得从前的高收益，收益最终很有可能均值回归。而分析者也认为重型卡车制造商的前景应该非常好，马克卡车的股票价格偏低看起来是不合理的。

表1-2 马克卡车公司普通股情况 单位：美元

1923—1932年情况			
年份	归属于普通股股东的净利润	每股收益	派发股息
1932	-1480000	-2.19	1.00
1931	-2150000	-2.9	2.25
1930	2008000	2.67	5.50
1929	6841000	9.05	6.00
1928	5915000	7.83	6.00
1927	4707000	6.6	6.00
1926	7716000	10.81	6.00
1925	8331000	13.64	6.00
1924	5083000	11.97	6.00
1923	5866000	13.81	5.00
平均	4284000	7.13	
1925年12月31日派发的50%的股息调整			
结果与讨论：马克卡车的后来发展情况			
1933—1939年情况			
年份	每股收益	股息	股价变化范围
1933	-1.42	1.00	46.375~13.5
1934	0.03	1.00	41.75~22
1935	-0.66	1.00	30.75~18.625
1936	2.41	1.50	49.25~27.375

续表

1933—1939 年情况			
年份	每股收益	股息	股价变化范围
1937	2.15	1.25	62.25 ~ 17.375
1938	-1.56	0.25	32.5 ~ 16
1939	1.14	0.50	33.75 ~ 18

资料来源：本杰明·格雷厄姆．证券分析［M］．北京：中国人民大学出版社，2009.

最终结果，分析师对行业前景的分析是错误的，由于马克卡车公司在行业中地位的下降，收益并没有均值回归。但是，在 1933 年以 15 美元买入马克卡车的股票，依然可以获利丰厚，这就是安全边际的力量。

分散投资

本杰明·格雷厄姆　另外，安全边际与分散投资原则是相互关联的。个别证券即使有一定的安全边际，还是有可能出现亏损。因为安全边际只能保证盈利的概率大于亏损的概率，并不能保证不亏损。为了让概率起作用，购买具有安全边际的证券种类越多，投资组合的总利润超过总亏损的概率就越大。就好像保险公司的保险业务，只有卖出的保险足够多，概率才会发挥作用。

第三节　内在价值

门徒　您刚才说，安全边际就是证券的市场价格低于证券内在价值的差额。那到底什么是内在价值呢？

本杰明·格雷厄姆　我们估值的目的并不是为了精确估算一只股票的内在价值，**内在价值不是一个确定的数字，它是一个大概估算的价格范围**。有时公司的财务报表提供了一些明显的线索，表明内在价值高于或低于市场价格。就好像我们无须知道一个人的具体体重，就能看出他是一个胖子一样。

股价偏离内在价值

门徒　股价会经常偏离价值吗？学校里讲过市场应该是有效的呀，地上不会有 100 元钱，如果有，也会马上被人捡走。

本杰明·格雷厄姆　我可以明确地告诉你，有效市场理论是错误的，市场价格经常会偏离内在价值。

查尔斯·布兰帝　我记得是 1987 年 10 月的一天，道琼斯指数一天内下跌了22.6%。有效市场理论怎么解释市场前一天是一个价值，一天之内价值下降了22.6%呢？市场在对公司估值时，大部分时间都是错误的。如果市场的错误足够大，你就能够找到安全边际。有了充足的安全边际，概率就会站在你这一边。

股价偏离内在价值的原因

门徒　那股价为什么会偏离内在价值呢？

本杰明·格雷厄姆　股票市场并不会对上市公司进行精确估值，市场给股票定价的过程就是市场心理变化的过程，而市场心理变化的过程经常是不合逻辑的，因为一切都是由股票交易者的喜好决定的。旅鼠效应可以说明这个问题。下面这个小故事就是很好的说明。

有一个投资人死了，去见上帝，求上帝安排他到天堂里去。

上帝说："天堂里都是你们这些搞投资的，都满了，只有地狱里还有空位。"

那个人说："那麻烦你跟他们说一句：地狱里发现了石油。"

过了一阵，天堂里的人都开始往地狱里跑。

上帝对那个人说："你可以搬到天堂了。他们都下地狱了。"

那个人说："不行，我也得去地狱看看，万一是真的呢。"

价值回归

门徒　偏离的股价能够回归价值吗？

本杰明·格雷厄姆　无论是对于我自己还是对于其他人，这都是一个深不可测的奥秘，但以往经验告诉我们，股票的市场价格终将与内在价值趋于一致。

图1－3显示了股票市场价格形成的过程。当前股票的价格是公众

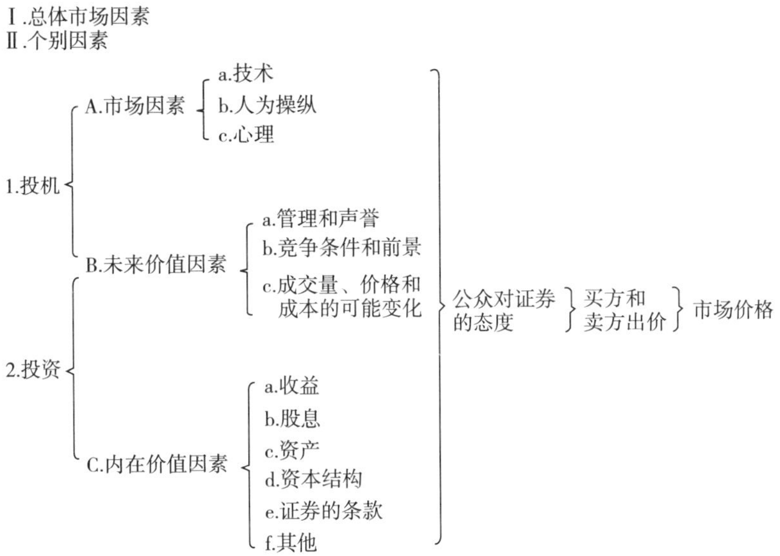

图1－3　股票市场价格的形成过程

资料来源：本杰明·格雷厄姆. 证券分析［M］. 北京：中国人民大学出版社，2009.

对股票的态度决定的。公众喜欢，股票就会卖高价；公众不喜欢，股票就会卖低价。投资因素和投机因素共同影响公众的态度，来决定股票的当前价格。投资因素对股票当前价格只能起到一部分的影响，纯投机性因素经常会向相反方向影响股票的当前价格。**股票市场短期是一个投票机，从长期来说，却是一个称重器**。

门徒　也就是说，短期内股价是由大众根据喜好投票决定的，但最终股价还是由内在价值决定的。

本杰明·格雷厄姆　是这样的，也就是我一直说的价值回归。

好了，今天我们先聊到这里，下次开始，我会教你一些具体的估值方法。

第二章

估值

第一节　相对估值法

估值的观念

门徒　能具体讲讲怎样给公司估值吗？

本杰明·格雷厄姆　首先，建立估值的观念是非常重要的。我们发现，对于大部分股票而言，它们在某一个价位相当便宜，值得购买；而在另一个价位，则过于昂贵，应当抛出。将所付出的价格与所得到的价值进行比较，是投资中非常宝贵的习惯。我们要像去超市购买食品杂货一样购买股票，而不要像买名牌香水一样购买股票。

至于如何对公司进行估值，我们采用的是相对估值的方法，就是通过比较来发现被低估的股票。比如，我们可以通过将**股价和资产、收益、股息**进行比较，我们还可以通过**股票和债券、股票和其他股票、股票当前价格和历史价格**进行比较等方式，来找出明显被低估的股票。单一的用一把尺子进行比较可能会出错，我们可以多把尺子同时使用，来提高准确率。

沃尔特·施洛斯　格雷厄姆希望投资那些对股价下跌有保护的公

司。他为了实现这个目标制订了一些检验标准。只要遵循这些检验标准，就能够减小亏损的概率。

我个人投资股票时，喜欢买股价低于净资产的股票，公司的负债不能多，管理层持有一定比例的本公司股票，就是寻找各种对股价下跌的保护。我还会看公司过去二十年的经营情况，公司可以不是伟大的公司。

特维迪·布朗　银行发放贷款的时候，他们首先要看借款人用作贷款偿还保证的抵押品，之后他们要了解借款人用来支付贷款利息的收入记录。如果借款人的年收入为7.5万美元，并用25万美元的住宅抵押借取12.5万美元的贷款，这笔买卖对于银行来说是相当安全的。相反，如果借款人的年收入为4万美元，并准备用32.5万美元的住宅抵押，来借取30万美元的贷款，对银行来说，这个贷款就不那么安全。格雷厄姆就是用这样的方法进行股票分析的。

本杰明·格雷厄姆　我设计了十条检验标准，我们可以运用这些标准，从**是否被低估**、**盈利能力**和**财务状况**几个方面对股票进行评估。

关于股价是否低估的检验标准：

（1）盈利率至少为长期AAA级债券收益率的2倍；

（2）市盈率位于最低10%的区间内；

（3）股息收益率至少为长期AAA级债券收益率的2/3；

（4）股票价格低于每股有形资产账面价值（账面价值减无形资产）的2/3；

（5）股票价格低于流动资产价值（流动资产减总负债）的2/3。

关于盈利能力的检验标准：

（1）前十年的年度盈利增长率至少为7%；

（2）在过去十年，年度盈利下跌幅度超过5%的期间不能超过

2 年。

关于财务状况安全性的检验标准：

（1）**流动资产至少为流动负债的** 2 **倍；**

（2）**债务股本比低于** 1；

（3）**总负债低于流动资产价值的** 2 **倍**。

相对估值法和其他估值方法的区别

门徒　相对估值法与沃伦·巴菲特使用的未来净现金流折现法和彼得·林奇使用的 PEG 等方法有什么不同呢？

本杰明·格雷厄姆　相对估值更加强调公司的当前价值，采用一眼辨胖瘦的方式，只在股价明显低于内在价值时买入。这种方法唯一的缺点就是对公司未来收益的预测并不要求那么准确。沃伦·巴菲特和彼得·林奇的方法，涉及一些关于未来的变量，对研究深度的要求比较高，难度也更高。

特维迪·布朗　还有另外一种确定内在价值的方法，我们称为“商业评估法”。按照这种方法，需要假设买方通过公开拍卖的方式购买公司时愿意支付的价格。我们需要搜集同行业或相关行业近期的收购信息，并在此基础上，对某一家公司的价值进行评估。我们公司还建立了各行业收购信息的数据库，用于评估公司的内在价值。

第二节　怎样用股价与资产进行比较

资产与收益：哪个更重要

门徒　为什么要拿股价与资产进行比较呢？收益不是最重要的吗？

沃尔特·施洛斯　收益确实很重要，市场也在不断进行盈利预测。但是，就算能够准确地预测下一年的收益，也很难判断这个盈利预期是否已经体现在股票当前的价格里了。而资产要比收益稳定很多，资产每年的变动幅度要比收益小，更让人感到踏实和放心。

门徒　怎样用股价与资产进行比较呢？

本杰明·格雷厄姆　我们先来谈谈资产在估值过程中的作用。资产对股价的影响并不是那么明显，所以市场并没有给予资产足够的重视，这也是金融思维与商业思维的重要区别。之前我们聊过金融市场在对公司进行估值时过于看重收益因素，甚至完全无视资产因素，这也造成了一些股票非常离谱的市场定价。我们来看一个假设的案例。

[案例分析]

小伙子A有价值1000万元的资产，但是过去的工作收入一直很低，现在年收入5万元，工作前景普通。

小伙子B有价值100万元的资产，但是过去五年年收入高速成长，现在年收入30万元，工作前景看起来很不错。

你会给两个小伙子怎样的估值呢？哪个小伙子价值更高？

如果是我，我会认为A的价值更高，无论A目前的现金流是多少，他的内在价值至少值1000万元。当然，我还会进一步考虑A有没有什么恶习，会不会将这1000万元乱花掉。我会为B美好的工作前景付出一些溢价，但不会溢价太多，给他大概300万元以下估值，因为未来可能赚到的钱可能只是一种可能（为了简化，这里先不考虑股息、负债等其他因素）。

在金融思维下，对两个小伙子的估值，却可能得出完全相反的结论。股票市场有可能根本不管资产的多少，只是简单地给予当期收益一个乘数。在一些极端的情况下，甚至会给予A 200万元以下的估值，而给予B 1000万元以上的估值。这是不合逻辑的，但这也正是金融思维有趣的地方。

我们在投资的过程中最应该做的就是回归常识，用正常的商业思维进行投资。作为一个商人，在收购一家公司之前需要做的第一件事就是评估这家公司的资产价值。**所以，如果你想稳健投资，就应该以资产价值为出发点并坚持不变，然后再考虑其他因素**。

资产负债表

本杰明·格雷厄姆　我们主要是通过比较分析资产负债表来进行价值投资的。资产负债表是财报三张报表中最重要的一张报表。资产负债表右边是公司资金的来源，左边是公司资金的占用情况，也就是资金的用途。报表的左右两边永远相等。

表 2－1　资产负债表

报表日期	各类资产清算价值估算的比例		资金的利用		各类资产清算价值估算的比例		资金的来源
流动资产	一般范围	粗略均值		流动负债	一般范围	粗略均值	
货币资金	100%	100%		短期借款			
交易性金融资产				交易性金融负债			
应收票据				应付票据			
应收账款	75% ~ 90%	80%		应付账款			
预付款项				预收款项			
应收利息				应付职工薪酬			
应收股利				应交税费			
其他应收款				应付利息			
存货	50% ~ 75%	66%	流动性由高到低	应付股利			
一年内到期的非流动性资产				其他应付款			
其他流动资产				一年内到期的非流动性负债	100%	100%	从债权人借来的资金
流动资产合计				其他流动负债			
非流动性资产	一般范围	粗略均值		流动负债合计			
可供出售的金融资产				非流动性负债			
持有至到期投资				长期借款			
长期应收款				应付债券			
长期股权投资				长期应付款			
投资性房地产				专项应付款			
固定资产				递延所得税负债			
在建工程				其他非流动性负债			
工程物资				非流动负债合计			
固定资产清理				负债合计			

续表

报表日期	各类资产清算价值估算的比例		资金的利用		各类资产清算价值估算的比例		资金的来源
生产性生物资产				所有者权益（或股东权益）			
油气资产							
（无形资产）			流动性由高到低	实收资本（或股本）			普通股上市股东的投入
（开发支出）				资本公积			
（商誉）	1%～50%	15%（约）		盈余公积			来自企业利润
长期待摊费用				未分配利润			
递延所得税资产				归属于母公司股东权益合计			
其他非流动性资产				少数股东权益			
非流动性资产合计				所有者权益（或股东权益）合计			
资产总计				负债和所有者权益（或股东权益）总计			
总资产＝				总负债＋		所有者权益	
总资产＝流动资产（一年内可变现）＋非流动资产（一年内不能变现）				总负债＝流动负债（一年内到期）＋非流动负债（一年以上到期）			
净资产	股东权益＝总资产－总负债＝股本＋资本公积＋盈余公积＋未分配利润						
流动资产价值（清算价值的粗略指标）	流动资产－总负债						
现金资产价值	现金（包括等同于现金或随时可变现的资产）－总负债						
清算价值	企业所有者想放弃企业所有权时所能得到的现金						

总资产＝总负债＋所有者权益

所有者权益＝总资产－总负债＝股本＋资本公积＋盈余公积＋未分配利润

资产负债表左边的总资产是由流动资产和非流动资产组成，各种资产按照其可变现能力由上向下排列，上面是流动资产，下面是非流动资产。

流动资产是一年内可变现的资产，非流动资产是一年内不能变现的资产。

资产负债表右边是由总负债和所有者权益组成的。总负债是从债权人那借来的资金，这很容易理解。流动负债是一年内到期的负债，非流动负债是一年以上到期的负债。所有者权益是属于股东的权益，包括普通股上市股东投入的资金和来自公司利润盈余项目的资金。盈余项目很重要，利润表本身就是对资产负债表盈余公积和未分配利润年度内实现过程的展开说明。

净资产和所有者权益

门徒　净资产和所有者权益有什么区别？

本杰明·格雷厄姆　合并报表范围内的子公司，上市公司并非全部持股100%，上市公司未持有部分的权益，称为“少数股东权益”。净资产只包括股东权益中归属于母公司股东权益，不包括少数股东权益。合并利润表中，称为“少数股东损益”。

净资产的作用

门徒　怎样在估值时使用净资产呢？

本杰明·格雷厄姆　先给你介绍一个概念吧。

市净率（PB）＝每股股价/每股净资产

如果一家公司的每股净资产是3元，每股股价是9元，则这家公司的市净率就是3倍。

虽然净资产对股价的影响并不那么直接，但是投资者在买入股票时至少应该考虑一下所买股票的净资产。聪明的投资者至少要首先明白，你为整个公司支付的价格是多少，买到的公司净资产是多少？

检验标准：股票价格低于每股有形资产账面价值（账面价值减无形资产）的2/3。

当前被市场追捧的公司，股价可能是净资产的10倍以上；而当前被市场厌恶的公司，股价可能只有净资产的几分之一。当股票价格严重偏离净资产时，就为我们的估值活动提供了一条非常明确的线索。

另外，我们更喜欢从净资产中扣除无形资产项（包括无形资产、研发支出和商誉），只用有形资产的账面价值。

沃尔特·施洛斯　在寻找投资机会时，我们找的是股价低于净资产的股票。不管什么股票，我们都不会以两倍市净率买入。这是我们的原则，绝对不会违反。

特维迪·布朗　净资产代表着一个公司所拥有的一切。多年以来，在股价低于净资产的股票中寻找投资机会这一原则，已经帮我们发现了很多难得一见的便宜货。

[案例分析　全通教育和哈尔滨电气]

表 2－2　全通教育和哈尔滨电气的市净率比较

2016 年 4 月	全通教育（人民币）	哈尔滨电气（港币）
股价（元）	79	3.15
普通股股份数（百万）	254	1377
普通股市值（百万元）	20041	4337
净资产（百万元）	1925	15310
每股净资产（元）	7.6	11
市净率	10.4	0.28

我们来看一下表 2－2 中的两家公司。2016 年 4 月，A 股全通教育的股价是净资产的 10.4 倍，也就是说以此价格买入股票，就相当于用 10 元钱买了 1 元钱的资产；而同时，港股哈尔滨电气的股价却只有净资产的 0.28。市场大众在买入股票时完全不看净资产就会造成这样的价格反差。再次强调，买入股票之前至少要看一眼股票的净资产，这是我们对公司估值的出发点。

无形资产

门徒　估值从净资产出发，我记住了。为什么要将无形资产项从净资产中减掉呢？

本杰明·格雷厄姆　因为在估算资产时，我更信赖有形资产。虽然我们喜欢将无形资产项从净资产中减掉，但需要指出的是，商誉或高效的管理等“无形资产”，像厂房设备一样具有真实的价值。无形资产带来的收益可能比用钱就能随时买来的生产设备更不易受到竞争的侵害。而且在经济环境对公司有利时，资本投入较少的轻资产公司可能会比重资产公司的增长速度更快。

流动资产价值和现金资产价值

门徒　表2－1中的流动资产价值和现金资产价值是什么？

本杰明·格雷厄姆　流动资产价值是用流动资产减去所有负债。现金资产价值是用现金资产减去所有负债。这里的现金资产不只是现金本身，是指那些直接等同于现金或随时可变现的资产，包括定期存款单、通知放款、有价证券和保险合约的变现值。

检验标准：股票价格低于流动资产价值（流动资产－总负债）的2/3。

我们来看一个案例。

[案例分析　兴达国际]

表2－3　兴达国际（2015年12月31日）

（单位：百万元人民币）

资产负债表	账面价值	清算价值估算比例	清算价值估算值
流动资产	5060		
银行结余及现金	733	100%	751
已抵押银行存款	18		
应收票据	1974	80%	3125
应收账款及其他应收款	1933		

续表

<table>
<tr><th>资产负债表</th><th>账面价值</th><th>清算价值估算比例</th><th>清算价值估算值</th></tr>
<tr><td>存货</td><td>396</td><td rowspan="2">50%</td><td rowspan="2">201</td></tr>
<tr><td>预付租赁款项</td><td>7</td></tr>
<tr><td>非流动资产</td><td>4424</td><td></td><td></td></tr>
<tr><td>预付款项</td><td>4</td><td rowspan="5">20%</td><td rowspan="5">885</td></tr>
<tr><td>递延税项资产</td><td>17</td></tr>
<tr><td>投资物业</td><td>137</td></tr>
<tr><td>预付租赁款项</td><td>282</td></tr>
<tr><td>物业、机器及设备</td><td>3984</td></tr>
<tr><td>总负债</td><td>2321</td><td>100%</td><td>2321</td></tr>
<tr><td>股东权益</td><td>7163</td><td></td><td></td></tr>
<tr><td>估算的清算价值</td><td colspan="3">2641</td></tr>
<tr><td>净资产</td><td colspan="3">5124</td></tr>
<tr><td>流动资产价值</td><td colspan="3">2739</td></tr>
<tr><td>现金资产价值</td><td colspan="3">-1570</td></tr>
<tr><td>股票市值 = 股价 × 总股本</td><td colspan="3">1.5 港币 ×14.87 亿股 =22.3 亿港币</td></tr>
<tr><td>港币兑换人民币：1:0.83</td><td colspan="3">股票市值 =22.3 亿港币 =22.3 ×0.83 =18.51 亿人民币</td></tr>
</table>

兴达国际的流动资产价值 = 流动资产 - 总负债 = 5060 - 2321 = 2739（百万元人民币）

兴达国际的现金资产价值 = 现金资产 - 总负债 = （733 + 18） - 2321 = -1570（百万元人民币）

门徒　我明白怎样计算流动资产价值和现金资产价值了，兴达国际的现金资产价值怎么是负值呢？

本杰明·格雷厄姆　计算净资产、流动资产价值和现金资产价值的苛刻程度是逐一提高的。如果一家公司的总负债高于流动资产或现金资产，就会出现公司的流动资产价值或现金资产价值是负值的情况，这种情况很正常。

清算价值

门徒　表2－3中的清算价值是什么？

本杰明·格雷厄姆　清算价值指的是，如果一家公司受到重创，其资产必须变现清算时，公司所有者所能获得的现金数额。

不同性质的资产有不同的变现价值。公司的资产负债表并不能精确地表达公司清算价值的信息，但它可以为我们提供可能有用的线索，来估算公司的清算价值。**我们估算清算价值的第一条原则是，负债是真实的，但对于资产的价值必须持怀疑态度**。

如表2－1所示，在估算流动资产的清算价值时，我们主要给出了货币现金、应收账款和存货的估算比例范围，其他流动资产项的估算比例范围并没有给出。但是，我们知道资产负债表左侧资产项是按照其流动性由高到低排列的，如介于现金资产和应收账款之间的应收票据，就可以根据实际情况，取一个100%～80%的比例进行估算。

流动资产价值和清算价值的关系

门徒　表2－1倒数第三行“流动资产价值”项后面括号里的“清算价值的粗略指标”是什么意思呢？

本杰明·格雷厄姆　我们在估算资产的清算价值时，除了现金资产是100%，其他所有资产都有一定比例的折扣。因为非流动资产清算价值的估算范围在1%～50%，所以非流动资产的清算价值可以弥补流动资产在估算清算价值时减少的部分。因此，我们可以得出这样的结论，即可以用流动资产价值粗略估算清算价值。

因为流动资产价值可以粗略估算清算价值，所以当普通股的股价低于它的流动资产价值时，也就低于它的清算价值。

股价低于清算价值的意义

门徒 一家公司的股价低于清算价值有什么意义呢?

本杰明·格雷厄姆 这种状况肯定是不合逻辑的。一家公司破产清算竟然比继续经营更有价值。这种情况下，这些公司的业主为什么不破产清算呢，破产清算要比继续经营对自己更有利呀?

所以我们可以得出结论：当普通股的售价持续低于其清算价值时，要么是价格过低，公司管理人员应该采取适当的措施，来纠正股价和内在价值之间的差距；要么就是公司应当清算。

我们接着看兴达国际这个案例。2016 年上半年兴达国际的股价大部分时间都在 1.5 港元以下，总市值换算成人民币是 18.51 亿元，远低于公司清算价值。

股价低于清算价值的投资机会

门徒 这些股价低于清算价值的股票可以作为投资机会吗?

本杰明·格雷厄姆 总体来说，购买这些股价低于清算价值的股票是有盈利机会的。

门徒 这些股价低于清算价值的股票中，能买到成长股吗?

本杰明·格雷厄姆 这类普通股的收益肯定不是令人满意的。如果利润一直在稳步成长，那么股价肯定不会如此之低。很多投资者只喜欢成长股，根本不会考虑这类股价低于清算价值的投资机会。

门徒 如果这类股票的收益继续下降或出现持续亏损怎么办?

本杰明·格雷厄姆 不可否认，在个别案例中这种情况的确会发生，公司的收益继续下降或出现亏损，资产不断流失，公司的内在价值最终将低于购买时的价格。但是大部分这类股票的股价至少都会上涨到清算价值以上，这样才符合逻辑。总体来说，购买这类股票是可以盈利的。

购买低于清算价值的股票的注意事项

门徒　也就是说，当一家公司的股价低于清算价值时，就代表公司的股价被低估了，对吗？

本杰明·格雷厄姆　这里需要特别提醒的是，投资者在选择这类股票时应当尽可能选择那些很快将实现**有利前景**的公司股票。否则就要求股票除了股价低于清算价值之外，还要具备其他吸引人的定量特征，比如，**令人满意的当期收益和股息**，或**过去比较高的平均盈利能力**。

投资者应该避免购买一直亏损、持续资产流失并且没有迹象表明这种亏损即将停止的公司股票。

如果普通股股价低于清算价值、资产没有损失的风险、公司过去已显示出强大的盈利能力，那么这类普通股可以构成一类便宜的投资。它们的股价明显被低估，被低估的股价迟早会回归内在价值。

低于清算价值的股票上涨的动力

门徒　这些股价低于清算价值的股票为什么能够上涨呢？

本杰明·格雷厄姆　根据我多年的总结，这类股票价值回归主要有以下三方面原因。第一，公司盈利改善。可能是由于行业状况的整体改善；公司的经营策略发生变化，或更换了管理层。第二，将公司出售，其他公司或许有能力更好地利用这些资源，至少愿意支付资产的清算价值。第三，完全或部分清算。公司的股价低于清算价值，一家公司死掉比活着更值钱，这是不符合逻辑的。这也涉及多方的利益，公司所在的行业可能整体好转；管理层持有公司股票，也会想办法改变经营策略；董事会可能会更换管理层；其他公司发现这家公司的价值，可能会并购这家公司；公司大股东发现公司的价值可能将公司私有化；公司也可能全部或部分清算。

当我们买入这类公司时，我们也不知道这家公司将会以哪种方式价值回归，不过投资这类股价低于清算价值的股票确实存在多条价值回归的路径。

沃伦·巴菲特　在巴菲特合伙有限公司时期，我完全就是按照恩师本杰明·格雷厄姆的投资方式，买入了很多股价低于清算价值的股票。在买入这类股票时，我们也不知道这类股票最终价值回归的具体原因。但充足的安全边际和适当的分散，使我们的投资组合兼具安全性和增值性。有时候对于我们已经控股的公司，我们会主动采取措施，进行资产转换来推动公司价值回归，Dempster 就是这其中一个。

[案例分析　Dempster]

表 2-4　Dempster 公司 1961 年和 1963 年资产负债表比较

（单位：1000 美元）

Dempster 公司 1961 年资产负债表					
资产	账面价值	资产清算价值估算比例	清算价值	负债	
现金	166	100%	166	应付票据	1230
应收账款	1040	85%	884	其他负债	1088
存货	4203	60%	2522	**总负债**	2318
预付费用	82	25%	21		
流动资产	5491		3593	**净资产**	4601
保单现金价值	45	100%	45	清算价值	2120
厂房设备净值	1383	预计净拍卖值	800	总股数	60146
总资产	6919		4438	每股清算价值	35.2
Dempster 公司 1963 年资产负债表					
资产	账面价值	资产清算价值估算比例	清算价值	负债	
现金	144	100%	144	应付票据	120
交易性证券	1772	市场价值	2029	其他负债	390
应收账款	1262	85%	1073	**总负债**	510
存货	977	60%	586		

续表

Dempster公司1963年资产负债表					
资产	账面价值	资产清算价值估算比例	清算价值	负债	
预付费用	12	25%	3		
流动资产	4167		3835	**净资产**	4591
其他投资	62	100%	62	清算价值	4037
厂房设备净值	872	预计净拍卖值	650	总股数	62146
总资产	5101		4547	每股清算价值	65.0

1961年，我们以均价28美元的成本控股了Dempster，Dempster当时的管理层资产利用效率比较低，所以我们更换了管理层。新任的管理层将公司不盈利的资产转换为现金，我们将这些现金投入到被低估的股票上。通过主动资产转换，Dempster的每股清算价值从1961年的35.2美元大幅增加到1963年的65美元。

低于清算价值股票的买入时机

门徒　这类股票在买入时机上有什么要求吗？

本杰明·格雷厄姆　当市场整体价格水平既不太高，也不太低的时候，购买这类股票效果最好。在市场整体似乎远高于其应有水平时，购买这类股票效果不会很好，因为市场随后的下跌可能会使这些不受欢迎的股票与其他普通股票一样，承受几乎同样严重的损失。另一方面，当市场上所有股票都非常便宜时，则完全可以购买行业的龙头股，就没必要挑选这些较冷门的股票了，尽管相比之下这些股票的售价可能更加便宜。

低于清算价值（流动资产价值）投资机会的减少

门徒　现在股价低于清算价值的投资机会已经越来越少了，有什么好办法应对吗？

沃尔特·施洛斯　在根本找不到股价低于清算价值的投资机会

时，可以将标准降低一些，我们会开始寻找股价为净资产一半的公司。如果没有，我们就找股价为净资产三分之二的公司。如果再没有，我们就找股价等于净资产的公司。不过除非是特殊情况或者有护城河的公司，我们几乎不会以高于净资产的价格买股票。

特维迪·布朗　在美国股市中，股价低于清算价值的投资机会已经不多见了。但是在20世纪90年代，我们还是可以在日本市场找到很多股价低于清算价值的公司。

第三节 资本结构对收益的影响

资本结构

本杰明·格雷厄姆 一家公司的资本结构对于其每股收益的影响很大。同一家公司，只需要对资本结构进行调整，净利润就会发生很大的变化。

门徒 什么是资本结构呢？

本杰明·格雷厄姆 资本结构是指公司资本金的来源在债券、优先股和普通股之间的分配比例，我们来看一个案例。

[案例分析]

我们假设有A、B和C三家工业公司，每家公司的盈利能力都是100万美元。三家公司除了资本结构之外，其他方面完全相同。A公司的资本只有10万股的普通股。B公司发行了600万美元利息率为4%的债券以及10万股的普通股。C公司发行了1200万美元利息率为4%的债券以及10万股普通股。假设这些债券的价值为票面价值，而普通股的价值为每股收益的 12 倍。

表 2-5 A、B、C 三家公司的资本结构和每股收益的变化

（单位：美元）

A、B、C 三家公司的资本总市值						
公司	扣除债券利息前净利润	债券利率 4%	归属普通股股东的净利润	普通股市值（假设 12 倍市盈率）	债券市值	资本总市值
A	1000000	—	1000000	12000000		12000000
B	1000000	240000	760000	9000000	6000000	15000000
C	1000000	480000	520000	6000000	12000000	18000000
A、B、C 三家公司的收益						
假设的收益	每股收益			相对于基数，每股收益的变化		
	A 公司	B 公司	C 公司	A 公司	B 公司	C 公司
1,000,000	10.00	7.60	5.2	（基数）	（基数）	（基数）
下降 25% 至 750000	7.50	5.10	2.7	-25%	-33%	-48%
增长 25% 至 1250000	12.50	10.10	7.7	25%	33%	48%

虽然三家公司的盈利能力完全相同，都是 100 万美元，但是如果公司发行了债券，在盈利能力 100 万美元之后，还必须扣减债券利息。在扣减债券利息之后，三家公司归属普通股股东的净利润就会完全不同。也就是说，管理层仅通过调整资本结构，就完全改变了公司的归属普通股股东的净利润。

门徒　这太神奇了，也就是说一家公司的管理层什么都不用做，只需要调整债券的比例就可以调整公司的净利润。

本杰明·格雷厄姆　是的，A、B、C 三家公司分别代表三种不同类型资本结构的公司。

门徒　能具体讲讲这三种类型的资本结构吗？

保守型资本结构

本杰明·格雷厄姆　我们先来看A公司，A公司属于保守型资本结构。这是由于A公司的资本结构过度简化造成的，融资方式只有股票一种，过于单一。这样的资本结构会使股东的投资收益较少，一家公司的经营中，适当的杠杆是应该的。

由于没有杠杆的作用，当A公司的收益增长25%时，A公司的每股收益也同比例增长25%；收益下降25%时，每股收益也同比例下降25%。

门徒　有什么简单的方式可以判断一家公司的资本结构吗？

本杰明·格雷厄姆　可以用公式：股票市值/资本总市值。

门徒　什么是资本总市值呢？

本杰明·格雷厄姆　资本总市值=股票市值+总负债+优先股市值（如果有优先股）。

如果买入时的股票市值占资本总市值的比例很高，则说明这家公司的资本结构是保守型资本结构。如果买入时的股票市值占资本总市值的比例很低，则这家公司的资本结构是投机型资本结构。

由于A公司的股票市值是1200万美元，资本总市值也是1200万美元，股票市值/资本总市值=100%，所以可以断定A公司是保守型资本结构。

我们来看一个保守型资本结构的案例。

[案例分析 谭木匠]

表 2-6 谭木匠的资本结构 （单位：百万元人民币）

资产负债表（2015 年 12 月 31 日）				资金来源
流动资产	547	**流动负债**	61	83
现金及现金等价物	194	应付贸易账款	4	
已抵押银行存款	233	其他应付款项及应计费用	26	
其他应收账款、按金及预付款项	29	衍生金融工具	6	
应收贸易账款	2	应付所得税	25	
存货	87	**非流动负债**	22	
预付租金	0	递延税项负债	22	
非流动资产	160	递延收入	1	
投资物业	90	**总负债**	83	
预付租金	13	**股东权益**	623	830
物业、厂房及设备	58	**本公司拥有人应占权益**	623	
总资产	707	股本	2	
		储备	621	
股票市值＝买入时股价×总股本	4 港元×2.5 亿股＝10 亿港元	港币兑换人民币：1:0.83	10 亿港元×0.83＝8.3 亿人民币	
资本总市值＝股票市值＋总负债＋优先股市值（如果有优先股）		830＋83＝913		
公式：股票市值/资本总市值		830/913＝90%		

2016 年 4 月，谭木匠的股价在 4 港元左右，乘以总股数 2.5 亿，得到股票市值 10 亿港元，兑换成人民币是 8.3 亿人民币。我们之前讲过资产负债表右边展示的是公司资金的来源，谭木匠没有发行优先股，只从债权人那里借了 0.83 亿元人民币负债，股票市值占资本总市值的比例很高，达到 90%，属于保守型资本结构。

最优资本结构

门徒　B 公司属于什么类型的资本结构呢？

本杰明·格雷厄姆　B 公司属于最优资本结构。对于任何公司来说，最优化的资本结构中应该包括债券或优先股，而且债券和优先股应该达到安全投资的标准。由于拥有合理的杠杆，当 B 公司的收益增长 25% 时，B 公司的每股收益会增长 33%；收益下降 25% 时，每股收益会下降 33%。

从股东的角度来看，假设 B 公司发行的 600 万美元债券是符合安全投资标准的，则 B 公司的资本结构要好于 A 公司的资本结构。

表 2－7　建议债券和优先股的最低“保障倍数”

行业	税前利润		税后利润	
	过去 7 年平均	最差年份	过去 7 年平均	最差年份
公共事业	4 倍	3 倍	2.65 倍	2.10 倍
铁路	5 倍	4 倍	3.20 倍	2.65 倍
工业	7 倍	5 倍	4.30 倍	3.20 倍
零售	5 倍	4 倍	3.20 倍	2.65 倍

资料来源：本杰明·格雷厄姆. 聪明的投资人（第 4 版）[M]. 北京：中国邮电出版社，2010.

[案例分析　中集安瑞科]

表 2－8　中集安瑞科的资本结构　（单位：百万元人民币）

资产负债表（2015 年 12 月 31 日）				资金来源
流动资产	8817	**流动负债**	4418	
现金及现金等价物	2036	衍生金融工具	7	
已抵押银行存款	662	银行贷款	125	
应收关联方款项	126	关联方贷款	690	
按金、其他应收款项及预付款项	1515	应付贸易账款及票据	1813	
应收贸易账款及票据	2566	其他应付款项及应计费用	1599	

续表

资产负债表（2015年12月31日）				资金来源
存货	1912	应付关联方款项	115	5847
非流动资产	3495	保用拨备	41	
递延税项资产	72	应付所得税	29	
商誉	233	雇员福利负债	0	
收购股份权益的预付款项	179	**非流动负债**	1428	
于联营公司的投资	4	银行贷款	933	
无形资产	228	保用拨备	45	
预付土地租赁费	441	递延税项负债	172	
在建工程	114	递延收入	277	
物业、厂房及设备	2225	雇员福利负债	2	
总资产	12312	**总负债**	5847	
		股东权益	6465	6266
		本公司拥有人应占权益	6312	
		股本	18	
		储备	6294	

股票市值 = 买入时股价 × 总股本	3.9 港元 × 19.36 亿股 = 75.48 亿港元
港币兑换人民币汇率：1 港元 = 0.83 元人民币	股票市值 = 75.48 亿港元 = 75.48 × 0.83 = 62.66 亿人民币
资本总市值 = 股票市值 + 总负债 + 优先股市值（如果有优先股）	5847 + 6266 = 12113
公式：股票市值/资本总市值	6266/12113 = 51%

2016年4月，中集安瑞科的股价在3.9港元左右，乘以总股数19.36亿股，股票市值是75.48亿港元，换算成人民币是62.66亿元。股票市值占资本总市值的比例是51%。

表 2-9 中集安瑞科 （单位：百万元人民币）

报告期	2015 年	2014 年	2013 年	2012 年	2011 年	2010 年	2009 年	七年平均税前利润
税前利润	681	1188	1195	927	726	366	235	760
2015 年融资成本	36.82						6 倍	20 倍
检验标准：流动比率≥2 或速动比率≥1			流动比率 = 2		速动比率 = 1.6		符合标准	
检验标准：总负债小于股东权益			总负债/股东权益 = 0.9				符合标准	
检验标准：总负债小于流动资产价值的 2 倍			总负债/［（流动资产 - 总负债）×2］ = 0.98				符合标准	

中集安瑞科过去七年平均的税前利润是 2015 年融资成本的 20 倍，最差年份 2009 年的利息保障倍数是 6 倍，符合标准。公司的财务状况也符合标准。可以断定，中集安瑞科的资本结构属于最优资本结构。关于公司财务状况的检查标准我们之后会有专题讨论。

投机型资本结构

门徒　C 公司的股票市值是 600 万美元，资本总市值是 1800 万美元，股票市值/资本总市值 = 33%。C 公司的股票市值占资本总市值的比例很小，所以 C 公司属于投机型资本结构，对吗？

本杰明·格雷厄姆　正确，C 公司属于投机型资本结构。由于高杠杆的影响，当 C 公司的收益增长 25% 时，C 公司的每股收益会增长 48%；收益下降 25% 时，每股收益会下降 48%。投机型资本结构的公司每股收益的变化幅度要比公司正常收益的变化幅度大很多，这样公司的股价很容易被严重低估。

我们来看一个投机型资本结构的案例。

[案例分析　中国远洋]

表 2-10　中国远洋的资本结构　（单位：百万元人民币）

资产负债表（2015 年 12 月 31 日）				资金来源
流动资产	41847	**流动负债**	26375	103256
现金及银行结余	32691	贸易及其他应付款	14511	
已抵押银行存款	320	短期借款	2868	
可供出售金融资产	270	长期借款的即期部分	8130	
贸易及其他应收款	7097	拨备及其他负债的即期部分	126	
存货	1469	应付税项	741	
非流动资产	106346	**非流动负债**	76880	
其他非流动资产	920	长期借款	75047	
限制性银行存款	4	拨备及其他负债	1260	
递延税项资产	129	递延所得税负债	573	
可供出售金融资产	1555	**总负债**	103256	
提供予合营公司及一间联营公司的贷款	449			25400
联营公司	7661	**股东权益**	44938	
合营公司	8656	**本公司拥有人应占权益**	24653	
无形资产	157	股本	10216	
租赁土地及土地使用权	1854	储备	14437	
投资物业	312			
物业、厂房及设备	84649	**非控制权益**	20284	
总资产	148193			

股票市值 = 买入时股价 × 股本	3 港元 × 102.16 亿股 = 306 亿港元
港币兑换人民币汇率：1 港元 = 0.83 元人民币	股票市值 = 306 亿港元 = 306 × 0.83 = 254 亿人民币
资本总市值 = 股票市值 + 总负债 + 优先股市值（如果有优先股）	103256 + 25400 = 128656
公式：股票市值/资本总市值	25400/128656 = 19%

2016 年 4 月，中国远洋的股票市值占资本总市值的比例只有 19%，资本结构属于投机型资本结构。

门徒　了解一家公司的资本结构有什么作用呢？

本杰明·格雷厄姆　我们在对两家公司进行比较的时候，不可以将投机型资本结构的公司和保守型资本结构的公司进行比较，因为它们每股收益的变动规律是不一样的。

关于其他形成与投机型资本结构相同效果的方式

本杰明·格雷厄姆　另外有些时候，即使公司的股票市值占资本总市值的比例并不是很低，也有可能形成与投机型资本结构相同的效果。

公式一：市销率＝股票市值/销售额

当一家公司的市销率偏低时，无论公司是什么资本结构，该公司的普通股都会具有投机型资本结构相同的效果。我们来看下面这个案例。

[案例分析　比亚迪电子]

表2－11　比亚迪电子的资本结构　（单位：百万元人民币）

资产负债表（2011年12月31日）				资金来源
流动资产	7902	**流动负债**	4586	4586
现金及银行结余	2107	应付贸易账款及应付票据	3468	
已抵押存款	100	其他应付账款及应计费用	775	
应收最终控投公司的款项	148	应付税项	52	
应收中介控股公司款项	109	应付同系附属公司款项	167	
预付款、按金及其他应收款	211	应付最终控股公司款项	124	
应收贸易账款及应收票据	3446	**非流动负债**	0	
存货	1780	**总负债**	4586	
非流动资产	4676			

续表

资产负债表（2011 年 12 月 31 日）				资金来源
递延税项资产	135	**权益**	7992	
贷款予最终控股公司	400	已发行股本	217	
其他无形资产	9	储备	7654	2770
物业、厂房及设备预付款	433	建议末期股息	121	
预付土地租赁款项	138			
物业、厂房及设备	3560			
总资产	12578			

股票市值 = 买入时股价 × 总股本	1.5 港元 ×22.53 亿股 =33.79 亿港元
港币兑换人民币汇率：1 港元 =0.82 元人民币	股票市值 =33.79 亿港元 =33.79 ×0.82 =27.7 亿人民币
资本总市值 = 股票市值 + 总负债 + 优先股市值（如果有优先股）	2770 +4586 =7356
公式：股票市值/资本总市值	2770/7356 =37%

市销率 = 股票市值/销售额	销售额 =15868.3	2770/15868.3 =17%

净资产	7992
流动资产价值	3316
现金资产价值	-2379

2012 年 8 月，比亚迪电子的股价是 1.5 港元，股票市值占资本总市值的比例并不是很低，但是公司的市销率达到了 17%，这样也可以起到与投机型资本结构相同的效果。

我们知道，流动资产价值可以粗略地估算清算价值。当时比亚迪电子的市值换算成人民币是 27.7 亿元，不仅低于公司的净资产，甚至低于公司的流动资产价值，公司股价被明显低估了。

门徒　还有其他形成与投机型资本结构相同效果的方式吗？

本杰明·格雷厄姆　我们还可以看净利润率这个指标。

公式二：净利润率 = 净利润/销售额

如果公司的净利润率偏低，普通股也可能形成与投机型资本结构相同的效果。

[**案例分析**]

仍以前文的A、B、C三家公司为例，三家公司的盈利能力都是100万美元，只是B公司发行了600万美元利息率为4%的债券，C公司发行了1200万美元利息率为4%的债券，最终三家公司的净利润却完全不同。债券利息是怎样影响净利润的呢？我们通过表2-12详细说明。

简化来看，利润表的所有项目可以分为两类：收益和费用。**收益-费用=净利润**。表2-12中灰色项都是需要从收益中扣减的费用项。A公司由于没有发行债券，财务费用中不用扣减债券利息，而B公司和C公司必须在财务费用中扣减各自的债券利息。

表2-12 债券利息对A、B、C三家公司净利润的影响（单位：美元）

项目	A公司	B公司	C公司
一、营业收入			
减：营业成本			
营业税金及附加			
销售费用			
管理费用			
财务费用		-240000	-480000
资产减值损失			
加：公允价值变动收益			
投资收益			
其中：对联营企业和合营企业的投资收益			
二、营业利润			
加：营业外收入			
减：营业外支出			
非流动资产处置损失			

续表

项目	A 公司	B 公司	C 公司
三、利润总额			
减：所得税费用			
四、净利润	1000000	760000	520000

因为利润表中有多个费用扣减项，如表 2－13 所示，如果 B 公司和 C 公司的经营成本或生产成本比 A 公司高，之前作为财务费用扣减的债券利息，以其他的费用形式从利润表其他灰色项中扣除，B 公司和 C 公司最后的净利润，也会和发行债券产生一样的效果。

表 2－13 其他费用扣减项对 A、B、C 三家公司净利润的影响

（单位：美元）

项目	A 公司	B 公司	C 公司
一、营业收入			
减：营业成本 营业税金及附加 销售费用 管理费用 财务费用 资产减值损失		－240000	－480000
加：公允价值变动收益			
投资收益			
其中：对联营企业和合营企业的投资收益			
二、营业利润			
加：营业外收入			
减：营业外支出			
非流动资产处置损失			
三、利润总额			
减：所得税费用			
四、净利润	1000000	760000	520000

门徒　也就是说，由于生产成本或经营成本偏高，而造成净利润率偏低的公司，能够形成与投机型资本结构相同的效果，对吗？

本杰明·格雷厄姆 是的，在行业不景气时，净利润率最高的A公司，存活下来的概率最高；当行业整体好转时，行业内净利润率最低的C公司，股价向上的弹性最大。

沃尔特·施洛斯 例如有两家铁矿石公司，低成本生产商会更安全，高成本生产商在股价合适时，更具有投机价值。如果产品价格上涨，高成本生产商的股价可能上涨得更多。

第四节　怎样用股价与收益进行比较

市盈率和盈利率

本杰明·格雷厄姆　首先有必要向你介绍两个非常重要的概念：**市盈率和盈利率**。

市盈率（PE）=每股股价/每股收益

市盈率越高，表示股票卖得越贵，以当前股价买入股票，回本所需要的时间就越长。假设Z公司的股价是12元，每股收益是1元，那么它的市盈率就是12倍。如果公司的盈利能力不变，需要12年回本。所以以太高市盈率买入一只股票是很危险的。2015年A股创业板的平均市盈率高达90多倍，若这些公司未来的收益增长不能够跟上，投资者需要90多年后才能够回本。市盈率有几种不同的算法，有用上一年度每股收益计算的，也有用最近四个季度每股收益计算的。用不同每股收益计算出的市盈率是不同的。

门徒　什么是盈利率呢？

本杰明·格雷厄姆　盈利率=1/市盈率=每股收益/每股股价。

盈利率是市盈率的倒数，市盈率越高，盈利率就越低。Z 公司的市盈率是 12 倍，盈利率就是 12 倍的倒数 8%。

门徒　我明白市盈率和盈利率是什么了。

盈利率的对比参照物

本杰明·格雷厄姆　之前讲过，我们采用的是相对估值法。既然是相对估值，就需要找一个参照物进行比较。我们选的参照物就是当前长期国债收益率。

门徒　为什么要用长期国债收益率作为参照物呢？

本杰明·格雷厄姆　我们想找的是当前条件下的无风险投资回报率，长期国债的安全性是近乎于无风险的。

如果你打算投资一只股票，你就应该拿该股票的盈利率与当前长期国债的收益率进行比较。比如，当前长期国债收益率是 3.4%，假如股票的盈利率等于 3.4%，由于股票的收益具有波动性，相比于长期国债，投资这只股票是没有任何优势的，不如去投资无风险的长期国债。

盈利率的检验标准

门徒　您的意思是说，只有当股票的盈利率高于长期国债收益率时才可以买入，对吗？

本杰明·格雷厄姆　是的，但同时，我们还需要考虑一个问题，股票的盈利率需要比长期国债的收益率高多少，才能够覆盖股票的波动性风险？我们为股票投资设置的检验标准是，只有当股票的盈利率至少是长期国债收益率的 2 倍时，投资股票才可能具有吸引力。比如我们之前假设的 Z 公司市盈率是 12 倍，盈利率是 8%，高于长期国债的收益率 3.4% 的 2 倍，就符合这一检验标准。

检验标准：盈利率至少为长期 AAA 级债券收益率的 2 倍。

门徒　我想了解的是，当股票盈利率达到长期国债收益率的2倍以上时，是怎样保证股票投资安全的。

本杰明·格雷厄姆　还记得我们之前谈过的安全边际吗？股票的盈利率和长期国债收益率的差额，能够对不利结果起到缓冲作用，这就是安全边际运用的一种。在10年内，高于长期国债收益率的累积股票盈利能力，一般会达到股票购买价的50%。这一数字足以提供一种非常可靠的安全边际，在一般情况下，这一安全边际可以防止或降低亏损。

门徒　哦，我明白了。

股票的分组筛选

本杰明·格雷厄姆　人们总喜欢使用市盈率这个指标，其实盈利率这个指标更加科学，更加符合逻辑。

我们通常喜欢将市场上所有的股票分为三组。

第一组：市盈率在20倍以上，也就是盈利率低于5%的成长股。

第二组：市盈率在7倍～20倍之间，也就是盈利率在5%～15%之间的一组股票。

第三组：市盈率在7倍以下，也就是盈利率高于15%，但不受欢迎的一组股票。

对于第二组股票，这些市盈率适中的股票可能会有个股投资机会，但它们作为一个类别，我们不会有特别的兴趣。

对于第一组股票，一般都是市场热捧的高成长性股票，正像我们之前讲的那样，如果你想稳健投资，就应当以净资产为出发点，然后再考虑其他因素。这些股票如果能以净资产的价格买到，甚至是两倍于净资产的价格买到，都是很好的投资机会。但问题是，它们当中很多股票的价格都是其净资产的5倍甚至10倍以上。在这样的价格水平上，投资这类股票就变成了投机。

对于第三组股票，当前市盈率低于7倍的这组股票中，有太多被低估的股票可以选择。我们可以从这组股票中选出一个有吸引力的投资组合。

查尔斯·布兰帝　第三组股票相对较低的股价反映了人们对其前景的不乐观预期，人们对这些公司的期望值较低。这类股票并非全部都是很好的投资选择，但是老练的价值投资者可以从这类股票中找到被忽视的金子。

特维迪·布朗　在我的投资生涯中，低市盈率股票带来的投资良机比比皆是。买入低市盈率股票的投资策略无论在牛市还是熊市都行得通。即使是在熊市，收获也只不过需要你多等一段时间而已。

每股收益的计算

门徒　盈利率 = 每股收益/每股股价，那这个每股收益是怎样得到的呢？

本杰明·格雷厄姆　我们可以看表2－14，利润表的所有项目可以分为两类：收益和费用。加灰色项是费用项，其他为收益项。

收益－费用 = 净利润

请注意：合并利润表中，合并报表范围内的子公司，上市公司并非全部持股100%。上市公司未持有部分的净利润，称为“少数股东损益”。

净利润－少数股东损益 = 归属母公司所有者的净利润

归属母公司所有者的净利润/总股本 = 每股收益

表 2－14　利润表

一、营业收入	
减：营业成本	
营业税金及附加	
销售费用	
管理费用	
财务费用	
资产减值损失	
加：公允价值变动收益	
投资收益	
其中：对联营企业和合营企业的投资收益	
二、营业利润	
加：营业外收入	
减：营业外支出	
非流动资产处置损失	
三、利润总额	
减：所得税费用	
四、净利润	
归属于母公司所有者的净利润	
少数股东损益	
五、每股收益	
（一）基本每股收益	
（二）稀释每股收益	
六、其他综合收益	
七、综合收益总额	
归属于母公司所有者的综合收益总额	
归属于少数股东的综合收益总额	

对收益的纠正

门徒　之前您讲过金融市场在给股票定价时，就是因为过度关注每股收益这个数字，才导致了股价的大幅波动，对吗？

本杰明·格雷厄姆　是的，每股收益这个数字不仅是剧烈波动的，而且是随意决定的。由于市场高度关注净利润这个数字，公司也想让净利润看起来更加漂亮。利润表中，在得出净利润这个数字之前，有太多个收入项和费用项可以被操控。

我的建议是不要过分关注某一年的利润，将注意力多放在公司正常情况下的盈利能力上；如果你确实需要关注短期利润，那就必须注意每股收益数据中存在的陷阱。

门徒　能举几个例子吗？

非经常性损益

本杰明·格雷厄姆　我们来看一个通过非经常性收益来提高净利润的案例。

[案例分析　YGM Trading]

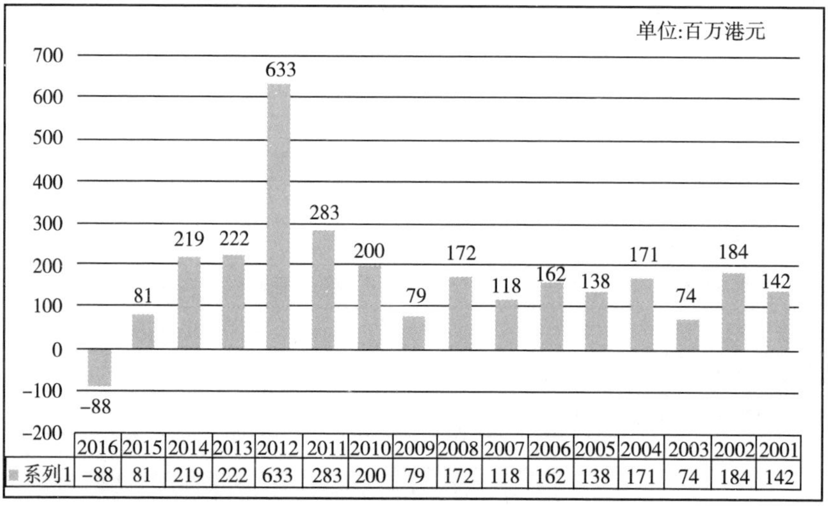

	2016	2015	2014	2013	2012	2011	2010	2009	2008	2007	2006	2005	2004	2003	2002	2001
系列1	−88	81	219	222	633	283	200	79	172	118	162	138	171	74	184	142

图 2－1　YGM Trading 历年股东应占盈利

表 2-15　非经常性收益对净利润的影响　（单位：百万港元）

利润表	金额	备注
营业额		
销售成本		
毛利		
其他收入		
其他收入净额		
分销成本		
行政费用		
其他经营费用		
经营溢利		
投资物业估值收益净额		
融资成本		
应占联营公司溢利减亏损		
出售联营公司收益净额	321	出售汉登集团权益获得的特殊收益
除税前溢利		
所得税		
本年度溢利		
归属		
本公司权益股东		
非控投权益		
本年度溢利		
每股收益		
基本		
摊薄		

2011 年 YGM Trading 的收益是 2.83 亿港元，2011 年之前的十年中，公司没有一年的收益超过 2 亿港元。2012 年公司的收益突然暴涨到 6.33 亿港元，查看年报会发现当年收益中包含了出售汉登集团权益获得特殊收益 3.21 亿港元。我们在关注公司当期收益时，应该将这样的与正常经营无关的一次性收益扣除掉，以免对数据解读产生误导。

另外，与正常经营无关的一次性亏损，如果对收益结果影响比较大，也应该扣除，让收益得以纠正。

门徒　确实应该对收益的来源进行仔细研究。如果只看净利润一个数字，很容易被欺骗啊。

亏损的子公司

本杰明·格雷厄姆　我们在检查公司收入来源的时候，如果发现公司的收益比较低，是因为公司的一个子公司严重亏损导致的，就需要考察这家子公司能否被公司轻易摆脱掉。但实际上这种判断并没有听上去那么简单。在这一点上，**亏损的子公司**与**亏损的业务部门**和**闲置资产**类似。

如果子公司与母公司有重大关联，比如子公司为母公司提供销路，子公司为母公司提供便宜的原料或子公司承担大部分开销等情况下，摆脱子公司的拖累就不是一件容易的事。

如果发现该子公司的亏损可以被提早终止，投资者就应该将子公司的部分或全部亏损当作非经常性项目。

特维迪·布朗　对此我深有感触。

[案例分析　国民教育公司]

1996年，我们曾经买过一家叫国民教育的公司，当时这家公司有两个部门处在盈利状况，还有另外两个部门一直处在亏损状况。公司的管理层采取了适当的措施，放弃了亏损业务。公司股价也因此翻了一倍。

门徒　明白了。

折旧和摊销

本杰明·格雷厄姆　在利润表的所有费用中，折旧和摊销费用必须特别关注。与其他费用不同，它们不代表当期相应的现金支出，而是代表由于耗损等其他原因，引起的固定资产和资本资产价值的减少。

[案例分析]

假如我花了 11 万元买了一辆汽车，使用直线折旧法，汽车预计使用寿命是 5 年，最后一期到期可能的残值是 1 万元，则每年的折旧费用就是（11－1）/5＝2（万元）。

表 2－16　折旧和摊销对 A、B、C 三家公司净利润的影响（单位：美元）

项目	A 公司	B 公司	C 公司
一、营业收入			
减：营业成本		－240000	－480000
营业税金及附加			
销售费用			
管理费用			
财务费用			
资产减值损失			
加：公允价值变动收益			
投资收益			
其中：对联营企业和合营企业的投资收益			
二、营业利润			
加：营业外收入			
减：营业外支出			
非流动资产处置损失			
三、利润总额			
减：所得税费用			
四、净利润	1000000	760000	520000

不同公司采用的折旧处理方式不同，折旧费用也会不同，最终会影响净利润。如表 2－16 所示，三家盈利能力完全相同的公司，折旧和摊销费用不同，净利润就会完全不同。

证券分析是一个非常讲究时效性的工作，如果一个变量对最终结果影响不超过5%，就不用花太多的精力去关注这个变量。

门徒　折旧和摊销有什么不同呢？

本杰明·格雷厄姆　折旧是针对固定资产而言的，摊销是针对无形资产和费用而言的。

特维迪·布朗　很多人也喜欢看公司的现金流。现金流就是净利润加上折旧和摊销等所有非实际现金支出后的收益。而自由现金流还需要再扣除维持公司正常运转所需要的资本支出。

这些数据可以从现金流量表中找到。现金流量表有两种推导方式，一种是从营业收入开始推导，另一种是从净利润开始推导。在从净利润开始推导的现金流量表中，折旧和摊销等所有非实际现金支出项和资本支出项都可以找到。但要注意，这里的资本支出包含了公司发展扩张的资本支出，不只是维持公司正常运转所需要的资本支出。A股公司可以从现金流量表补充材料中找到从净利润开始推导的现金流量表。

查尔斯·布兰帝　对大部分公司而言，虽然负的经营性现金流在快速扩张等情况下是不可避免的，但是正的经营性现金流是公司长期生存的关键。

特维迪·布朗　另外，很多公司向管理层发放了公司股票的认股权证，当这些认股权证行权后会稀释每股收益。我们在看每股收益时，要看稀释后每股收益。

查尔斯·布兰帝　对财务报表，要一直保持怀疑的态度，如果一家公司的记账方式或其他情况有什么不合情理的地方，比如有什么好消息好到不合情理，就要放弃，去找其他投资机会。

判断每股收益是否存在造假的方法

门徒 如果公司每股收益造假，有什么办法可以检查吗？

用所得税检查收益

本杰明·格雷厄姆 一种方法是通过所得税来进行检查，我们通过下面这个案例来说明。

[案例分析 皖通高速 H]

表 2－17 通过皖通高速 H 的所得税检查收益

（单位：万元人民币）

年份	所得税	企业所得税税率	税前利润	
			根据所得税倒推的税前利润	年报公布的税前利润
2015	29050	25%	116200	124939
2014	30089	25%	120356	115963
2013	28840	25%	115360	119667
2012	27400	25%	109600	110299
2011	31679	25%	126716	126861
2010	26579	25%	106316	113503
2009	22187	25%	88748	94652
2008	25099	25%	100396	96964

我们可以用所得税除以税率，根据所得税倒推出应税利润，再用应税利润与公司年报公布的税前利润进行比较。因为税法的复杂性，导致两个数字不一定完全相同，这一点不用在意。但是如果两个数字差异很大，就必须引起足够的重视，并需要进一步研究。

对比资产负债表检查收益

门徒 还有其他的检查方法吗？

本杰明·格雷厄姆　我们还可以通过对比资产负债表检查收益。净利润非常容易被操控。我们建议通过对比资产负债表来分析股票，这样既可以检查净利润的真实性，又可以检验盈利或亏损对公司的真实影响。

股东权益 = 总资产 － 总负债 = 股本 + 资本公积 + 盈余公积 + 未分配利润

而利润表本身就是盈余公积和未分配利润年度内实现过程的展开说明。利润表得出当年的净利润，再减去当年已付的股息，就是当年的留存收益。

留存收益增加了盈余公积和未分配利润，也同时增加了股东权益。我们可以看一下英皇钟表珠宝这个案例。

[案例分析　英皇钟表珠宝]

表 2－18　英皇钟表珠宝　（单位：百万港元）

项目	2015/12/31			2014/12/31		
资产负债表	账面价值	清算价值估算比例	清算价值估算值	账面价值	清算价值估算比例	清算价值估算值
流动资产	4183			4462		
银行结余及现金	810	100%	810	444	100%	444
可退回税项	30	80%	124	16	80%	143
应收账款、按金及预付款项	125			163		
存货	3219	50%	1610	3839	50%	1919
非流动资产	283			335		
购置物业、机器及设备之已付按金	0	20%	57	1	20%	67
租金按金	168			200		
递延税项资产	14			9		
物业、机器及设备	101			124		

续表

项目	2015/12/31			2014/12/31		
资产负债表	账面价值	清算价值估算比例	清算价值估算值	账面价值	清算价值估算比例	清算价值估算值
总负债	191	100%	191	339	100%	339
股东权益	4275			4458		
估算的清算价值	2408			2235		
净资产	4275			4458		
流动资产价值	3992			4123		
现金资产价值	618			105		
利润表	2015 年		2014 年		2013 年	
净利润	-120		138		290	
股票市值=股价×总股本	0.15 港元×68.82 亿股=10.32 亿港元					

表 2-19 通过资产负债表检查收益 （单位：百万港元）

步骤	2015 年英皇钟表珠宝	
第一步	2015 年净利润	-120
第二步	减去：当期已付股息（注意已付两个字，这里应该是 2014 年末期股息和 2015 年中期股息）	13.765
	根据利润表计算的应计入盈余项目金额	-134
第三步	2015 年股东权益减 2014 年股东权益	4275-4458=-183
第四步	根据利润表计算的应计入盈余项目金额与资产负债表上盈余变化值间的差额	49
第五步	差异的解释，冲减盈余而未记入利润表的费用，可以通过股东权益变动表查到	换算海外业务产生的汇兑差额亏损 48.734 百万港元

綜合權益變動表

截至2015年12月31日止年度

	股本 千港元	股份溢價 千港元	合併儲備 千港元 （附註20(a)）	其他儲備 千港元 （附註20(b)）	資本儲備 千港元 （附註20(c)）	匯兌儲備 千港元	保留溢利 千港元	總計 千港元
於2014年1月1日	68,824	3,415,328	(373,003)	(26,162)	2,529	63,218	1,256,676	4,407,410
換算海外業務之匯兌差額	-	-	-	-	-	(20,376)	-	(20,376)
年度溢利	-	-	-	-	-	-	138,142	138,142
本年度全面收入總額	-	-	-	-	-	(20,376)	138,142	117,766
取消註冊附屬公司	-	-	-	(5)	-	82	-	77
根據新公司條例廢除面值後轉撥	3,415,328	(3,415,328)	-	-	-	-	-	-
2013年已付末期股息（附註10）	-	-	-	-	-	-	(39,918)	(39,918)
2014年已付中期股息（附註10）	-	-	-	-	-	-	(27,530)	(27,530)
於2014年12月31日	3,484,152	-	(373,003)	(26,167)	2,529	42,924	1,327,370	4,457,805
換算海外業務之匯兌差額	-	-	-	-	-	(48,734)	-	(48,734)
本年度虧損	-	-	-	-	-	-	(120,082)	(120,082)
本年度全面開支總額	-	-	-	-	-	(48,734)	(120,082)	(168,816)
取消註冊一間附屬公司	-	-	-	(28)	-	-	-	(28)
2014年已付末期股息（附註10）	-	-	-	-	-	-	(13,765)	(13,765)
於2015年12月31日	**3,484,152**	**-**	**(373,003)**	**(26,195)**	**2,529**	**(5,810)**	**1,193,523**	**4,275,196**

图 2－2　英皇钟表珠宝 2015 年年报综合股东权益变动

资料来源：英皇钟表珠宝 2015 年年报

我们通过以上几个步骤来用资产负债表检查收益，看是否有本应该扣减收益的费用，却在净利润后冲减了盈余。

基本上所有的资产负债表所有者权益的减项都同时是利润表的减项。但是在个别情况下，规则认为某些资产负债表权益类减项跟本年经营业绩无关，因此没有出现在利润表中，就形成了这种差异。这种差异在不同的时期有不同的处理方式，没有严密的逻辑可言，只是会计“游戏”的一种。现在的会计制度依然存在类似的差异项目，不过已经很少了。

查尔斯·布兰帝 我们还必须密切关注会计师事务所出具的审计报告，如果会计师事务所出具的是“标准无保留意见”，这样的报告可能是干净的。另外要观察管理层的薪酬是多少，是否存在内部借款情况，管理层和股东是否存在任何其他私下交易。

盈利能力

门徒 我明白怎样检查收益了。您刚才说过不要过分关注某一年的利润，将注意力多放在公司的盈利能力上。什么是盈利能力呢？

本杰明·格雷厄姆 盈利能力可以分为过去盈利能力和未来盈利能力。公司过去的盈利能力是确定的，就是指过去一段时期，比如过去五年、七年或十年的平均盈利能力。而未来盈利能力是指在现有业务条件不变的情况下，今后五年公司预计可以赚取的平均利润。盈利能力结合了对数年间的实际收益记录和对类似收益在未来发生可能性的合理预期。我们可以看看表 2－20。

表 2－20 A、B、C 三家公司的每股收益情况 （单位：美元）

公司	连续7年每股收益									假设		
	第一年	第二年	第三年	第四年	第五年	第六年	第七年（当期）	七年平均	市场对收益趋势的评价	假设第七年（当期）	假设第七年（当期）	未来收益
A	1	2	3	4	5	6	7	4	好	20	亏损	
B	7	7	7	7	7	7	7	7	中	20	亏损	
C	13	12	11	10	9	8	7	10	差	20	亏损	

本杰明·格雷厄姆 我们分析公司过去的收益记录并不是试图准确地预测未来收益，而是想通过对过去收益记录的分析来找到公司未来盈利能力的线索。

我们喜欢考察公司的**平均利润（通常 7～10 年）**，因为平均利润有助于缓和商业周期经常带来的利润波动。我们之前讲过，在看某一年的每股收益时，应该扣除掉那些与正常经营无关的一次性损益，而这种收益平均法几乎可以解决所有关于特殊损益的问题。我们将平均利润与**利润增长率**和**利润稳定性**结合起来使用，就可以看出该公司以往业绩的实际情况了。注意，平均利润尽量包含一个完整的商业周期，不要过长也不要过短。

门徒　怎样计算利润增长率呢？比如过去五年的利润增长率怎么计算呢？

本杰明·格雷厄姆　过去五年的利润增长率，可以用最近三年的平均利润与五年前的三年平均利润进行对比。

表 2－21　利润增长率的计算　（单位：美元）

年份	2008 年	2009 年	2010 年	2011 年	2012 年	2013 年	2014 年	2015 年
每股收益	1	2	3	4	5	6	7	8
过去三年平均每股收益		2					7	
过去五年每股收益增长率	计算过程：［（7－2）/2］×100%＝250%							

检查标准：过去十年的年度盈利增长率至少为 7%。

门徒　那怎样检验利润稳定性呢？

本杰明·格雷厄姆　利润稳定性可以用过去十年里年度盈利下跌幅度超过 5% 的次数来检验。

检查标准：在过去十年，年度盈利下跌幅度超过 5% 的期间不能超过 2 年。

当期收益

门徒　表 2－20 中，A、B、C 三家公司的当期每股收益都是 7 美元。

本杰明·格雷厄姆 是的，与长期平均收益相比，公司的当期收益对股价的影响更大。这是普通股价格大幅波动的主要原因。我们之前讲过这是商业思维和金融思维估值方式的重要区别之一，也为理性的投资者提供了很多投资机会。

市场会错误地假设任何变化都可能会继续发展下去，或至少会保持下去。然而经验表明，这种发展只是例外而已，大多数都会均值回归。所以我们与市场的看法不同，我们认为平均收益要比当期收益更重要。

门徒 您是说，所有公司的平均收益都比当期收益重要吗？

本杰明·格雷厄姆 当然，有时可以认为近期收益比平均收益更重要。比如表2－20的A公司，当年收益并不比过去高很多，而过去几年的收益呈上升趋势，假如我们通过定性分析，对A公司的未来充满信心，就可以拿A公司的当期收益作为未来收益的评判标准。

收益的质量

本杰明·格雷厄姆 即使A、B、C三家公司的当期收益完全相同，三家公司的收益质量也可能完全不同。

门徒 什么是收益质量呢？

本杰明·格雷厄姆 我们可以通过另外一个案例说明这个问题。

[案例分析 华鼎控股]

表2－22 华鼎控股 （单位：百万港元）

项目	2013/12/31			2012/12/31		
资产负债表	账面价值	清算价值估算比例	清算价值估算值	账面价值	清算价值估算比例	清算价值估算值
流动资产	1834			1640		

续表

<table>
<tr><th>项目</th><th colspan="3">2013/12/31</th><th colspan="3">2012/12/31</th></tr>
<tr><th>资产
负债表</th><th>账面
价值</th><th>清算价值
估算比例</th><th>清算价值
估算值</th><th>账面
价值</th><th>清算价值
估算比例</th><th>清算价值
估算值</th></tr>
<tr><td>现金及银行结余</td><td>223</td><td>100%</td><td>223</td><td>429</td><td>100%</td><td>429</td></tr>
<tr><td>衍生金融工具</td><td>2</td><td rowspan="6">80%</td><td rowspan="6">710</td><td></td><td rowspan="6">80%</td><td rowspan="6">518</td></tr>
<tr><td>委托贷款</td><td>205</td><td></td></tr>
<tr><td>按公平值列账在损溢表中处理之金融资产</td><td>16</td><td>19</td></tr>
<tr><td>可收回税项</td><td>0</td><td>3</td></tr>
<tr><td>应收贸易账款及
其他应收款项</td><td>665</td><td>626</td></tr>
<tr style="display:none"></tr>
<tr><td>存货</td><td>724</td><td>50%</td><td>362</td><td>564</td><td>50%</td><td>282</td></tr>
<tr><td>非流动资产</td><td>2087</td><td></td><td></td><td>1956</td><td></td><td></td></tr>
<tr><td>递延所得税总资产</td><td>50</td><td rowspan="12">20%</td><td rowspan="12">417</td><td>43</td><td rowspan="12">20%</td><td rowspan="12">391</td></tr>
<tr><td>按金</td><td>0</td><td>13</td></tr>
<tr><td>委托贷款</td><td>0</td><td>37</td></tr>
<tr><td>承兑票据</td><td>65</td><td>71</td></tr>
<tr><td>无形资产</td><td>127</td><td>136</td></tr>
<tr><td>于合营公司之权益</td><td>7</td><td>2</td></tr>
<tr><td>贷款予一间联营公司</td><td>313</td><td>238</td></tr>
<tr><td>于联营公司之权益</td><td>581</td><td>566</td></tr>
<tr><td>土地使用权</td><td>89</td><td>90</td></tr>
<tr><td>投资物业</td><td>20</td><td>18</td></tr>
<tr><td>物业、厂房及设备</td><td>835</td><td>741</td></tr>
<tr style="display:none"></tr>
<tr><td>总负债</td><td>922</td><td>100%</td><td>922</td><td>747</td><td>100%</td><td>747</td></tr>
<tr><td>股东权益</td><td>2999</td><td></td><td></td><td>2849</td><td></td><td></td></tr>
<tr><td>估算的清算价值</td><td colspan="3">790</td><td colspan="3">872</td></tr>
<tr><td>净资产</td><td colspan="3">2956</td><td colspan="3">2806</td></tr>
<tr><td>流动资产价值</td><td colspan="3">912</td><td colspan="3">892</td></tr>
<tr><td>现金资产价值</td><td colspan="3">-699</td><td colspan="3">-318</td></tr>
<tr><td>利润表</td><td colspan="2">2013 年</td><td colspan="2">2012 年</td><td colspan="2"></td></tr>
<tr><td>本公司股票持有者
应占盈利</td><td colspan="2">151</td><td colspan="2">155</td><td colspan="2"></td></tr>
</table>

从利润表来看，2013 年华鼎控股的收益是 1.51 亿港元，与 2012 年基本持平，看上去挺不错。但是当我们用资产负债表来核对时，才会发现，公司的存货增加，现金减少，负债增加，公司的清算价值实际上是下降了。

从这个案例可以发现，有些公司虽然利润表显示的当年收益不错，但同时存货大幅增加，这种存货增加带来的收益，很可能令公司的价值降低了。我们要强调的是，**不能单一看利润表，必须要用资产负债表对利润表进行核对，来发现公司当年收益对公司财务状况真正的影响**。

查尔斯·布兰帝　有些公司不是实实在在地赚钱，而是通过会计手段赚钱。这类公司，当销售额上升时通常需要更多的投资，会导致营运资金缺乏。这类公司需要注意检查公司的现金流是否健康。

未来收益

门徒　如何看待未来收益呢？

本杰明·格雷厄姆　投机者和投资者都是以未来收益而非过去收益为投资基础的。我们对未来的分析推理必须有理有据，不应像算命先生一样武断地预测未来。

查尔斯·布兰帝　价值投资者在假设公司未来收益时，一定要尽量保守。

关于高额收益

门徒　如果 A、B、C 三家公司第七年的收益突然暴涨到 20 美元，我们应该怎样看待这样的高额收益呢？

本杰明·格雷厄姆　对于大多数公司来说，这样的高额收益往往是昙花一现。我们可以看一个案例。

[案例分析　百润股份]

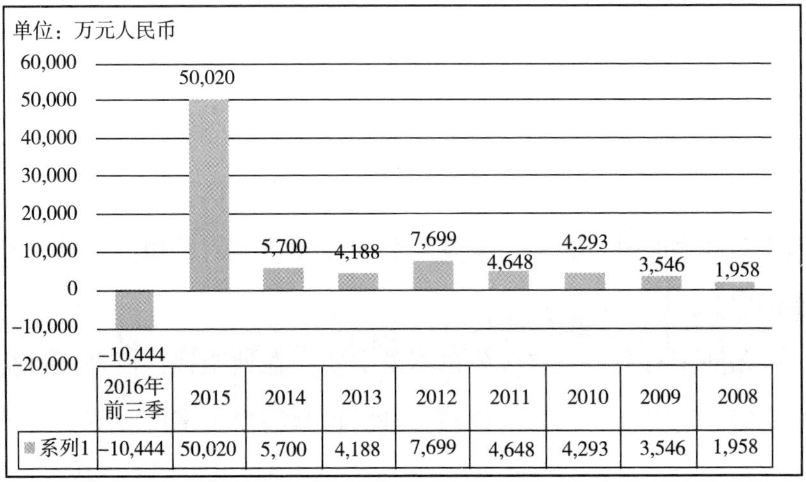

图 2－3　2008—2016 年百润股份归属母公司净利润

2014 年开始鸡尾酒行业进入爆发式增长期，百润股份收购了 RIO 鸡尾酒业务，2015 年百润股份的归属母公司净利润暴涨至 5 亿元人民币。由于高收益的吸引，大量热钱迅速涌入这个行业。随着百威、AK－47等众多鸡尾酒品牌投放市场，行业竞争加剧。百润股份 2016 年前三季度直接转为亏损。

我们应该记住，现实当中的投资是很难持续地产生高额回报的，一个生意如果投入小、回报高，很快就会有大量的资金涌入，供给迅速超过需求，从而导致产能过剩和竞争加剧。

沃伦·巴菲特　是的，正是因为这个原因，在这些投入小、回报高的行业当中，我只找那些业务有护城河保护的公司。对于大多数高额收益没有护城河保护的公司，高额收益转瞬即逝。

门徒　看来没有护城河保护的高额收益确实是很危险的。

如何看待亏损

门徒　表2－20中，如果A、B、C三家公司第七年都亏损呢，我们应该怎样看待当期亏损的公司？

本杰明·格雷厄姆　亏损是定性因素，而非定量因素，需要进一步定性分析。我们可以通过对一段时期资产负债表的对比来确定亏损对一家公司财务状况的真正影响。我们接着看英皇钟表珠宝这个案例。

[案例分析　英皇钟表珠宝]

如表2－18所示，2015年英皇钟表珠宝亏损1.2亿港元，公司的情况看上去很糟糕，市场给了这家公司10.32亿港元的超低估值，远低于公司的清算价值24.08亿港元。还记得之前我们聊过的估算资产清算价值的方法吗？通过估算公司的清算价值，我们发现英皇钟表珠宝的清算价值不仅没有减少，反而是增加了。

门徒　为什么会出现这种情况呢？

本杰明·格雷厄姆　因为每一项资产的变现能力是不一样的。**我们可以这样说，如果一家公司存货减少的数额大于这家公司的亏损额，并且使现金增加或应付账款减少了，这样的亏损反而增加了公司的价值**。虽然这听上去有些矛盾，但在分析股价低于清算价值的股票时很有用。

相反的情况，我们可以看另外一个案例。

[案例分析　中外运航运]

表 2-23　中外运航运　　（单位：百万美元）

项目	2015/12/31			2012/12/31		
资产负债表	账面价值	清算价值估算比例	清算价值估算值	账面价值	清算价值估算比例	清算价值估算值
流动资产	852			986		
银行结余及现金	508	100%	508	917	100%	917
可供出售金融资产	25			0		
贸易及其他应收账款	301	80%	262	63	80%	51
向合营企业提供贷款	1			2		
存货	16	50%	8	5	50%	3
非流动资产	1501			1228		
递延所得税资产	0			0		
可供出售金融资产	4			0		
银行存款	122			0		
持有至到期投资	0			45		
同系附属公司的融资租赁应收账款	0	20%	300	89	20%	246
向关联公司提供贷款	16			0		
向合营企业提供贷款	5			11		
于合营企业的投资	61			21		
无形资产	1			0		
物业、机器及设备	1292			1061		
总负债	296	100%	296	38	100%	38
股东权益	2057			2176		

	2015/12/31	2012/12/31
估算的清算价值	782	1178
净资产	2035	2176
流动资产价值	556	948
现金资产价值	212	879

利润表	2015 年	2014 年	2013 年
净利润	-66.3	1.9	-0.6
股票市值=股价×总股本	1.6 港元×39.92 亿股=63.87 亿港元		

中外运航运 2013 年到 2015 年累计亏损 6511 万美元，再加上几年

间已付的股息，2015 年公司的净资产比 2012 年的净资产降低是正常的。通过对比各类资产的变化情况，我们发现几年间中外运航运的清算价值大幅下降，资产流失严重，尤其是现金资产的流失严重。这并不是说中外运航运这家公司未来的业绩就不可能好转了，但是公司赚钱所依赖的资产大量流失会给公司的业绩反转带来更大的困难。

通过以上两个案例的对比，我们应该明白，一家公司的亏损并不一定是坏事。有些情况下，虽然公司当期是亏损的，但公司的价值反而提升了。我们在这里再次强调，单独看利润表是不够的，只有通过对比资产负债表，才能够发现亏损对公司财务状况的真正影响。

平均收益和收益趋势

门徒　过去的平均收益和收益趋势哪个重要呢？

本杰明．格雷厄姆　仍以表 2 – 20 为例说明，表中 A 公司过去收益呈上升趋势，B 公司过去收益持平，C 公司过去收益呈下降趋势。虽然三家公司的当期收益都是 7 美元，但是因为市场有着将趋势外推的习惯，所以会认为 A 公司的收益会继续上涨，市场会给 A 公司很高的评价；会认为 B 公司的收益会保持不变，会给 B 公司中等的评价；而认为 C 公司的收益会继续下降，会给 C 公司最差的评价。

平均收益和收益趋势本身是存在冲突的。也就是说，收益趋势越好，平均收益越低，比如 A 公司，收益趋势向上，但平均收益只有 4 美元，是三家公司中平均收益最低的；收益趋势越差，平均收益越高，比如 C 公司，收益趋势向下，平均收益却高达 10 美元，是三家公司中平均收益最高的。

上升趋势收益

门徒　我们应该怎样看待 A 公司这种收益趋势向上的公司呢？

本杰明·格雷厄姆　A公司收益趋势向上，这个因素必须要考虑，但我们不会将收益趋势自动外推。我们的投资方式很重视利用公司过去5~10年的平均收益，对公司进行估值。像A公司这样的成长股，如果通过定性分析也得出有利的结论，我们会审慎地找出其卓越表现的原因，并且在对其估值时给予加分。估值时我们不会采用未来预期——还未实现的收益，而是用公司当前已经取得的收益，如最近一年的每股收益7美元。选择的市盈率也一定控制在20倍以内。虽然A公司收益趋势向好，我们也应该非常清楚，**竞争、监管和收益递减法则**都是无限扩张的死敌。任何趋势都有相反的力量，推动其向均值回归。

查尔斯·布兰帝　有些时候虽然公司的收益成长了，但是由于公司的资本投入过高，与所得到的投资收益不成比例。这样的收益成长不仅不能创造价值，而且能够摧毁价值。比如公司为了得到新业务，定价过低；或公司对外收购时支付了过高的价格。

下跌趋势收益

门徒　怎样看待C公司这样的收益趋势向下的公司呢？

本杰明·格雷厄姆　C公司的收益呈下降趋势。收益呈下降趋势的公司，过往平均收益要比当期收益高很多，我们不能直接拿过往平均收益作为公司未来收益的正常值。我们也不应该假设下降的收益趋势会马上回升，而应该将分析的重点放在收益下降的具体原因上。而且我们应该谨慎行事，避免草率地得出C公司的收益将全部归零的结论。即使这样收益趋势向下的公司，如果价格足够低，我们也要以一个老练的商人收购这家公司的方式来衡量，看公司当前的低价是否足以覆盖风险，当前的价格是否值得买入。

门徒　要是这些收益趋势下降的公司从此一蹶不振呢？

沃尔特·施洛斯　从历史来看，大部分陷入困境的公司最终都好转了，不能因为公司一时的衰退就认为一切都完了。

本杰明·格雷厄姆　我们来看一个案例。

[案例分析　比亚迪股份 H]

通过图 1-1 和图 1-2 我们可以看到比亚迪股份历史收益和股价的变化过程。2009—2012 年，比亚迪股份的收益是呈下降趋势的，市场认为比亚迪股份收益向下的趋势会继续延续下去，在 2012 年给予比亚迪股份过于悲观的估值。从定性的角度分析，比亚迪是全球领先的锂离子电池和镍电池研发和应用厂商，电池技术具有优势，新能源汽车业务又为其带来新的增长点，行业地位稳固，未来大概率会继续参与市场竞争。这样的公司未来收益均值回归的概率会非常高。

不必看收益记录的特别情况

本杰明·格雷厄姆　刚刚我们说过，盈利能力是在**现有业务条件不变的情况下**，今后一些年公司预计可以赚取的利润。当现有业务条件发生变化时，就不必看公司过去的收益记录了。

门徒　公司现有业务条件发生怎样的变化，就不必看公司过去的收益记录了？能举个例子吗？

本杰明·格雷厄姆　我们可以拿采矿业的例子加以说明，当一个矿产公司的**矿产储量极其有限，产品未来的价格发生变化，行业整体生产成本降低或合同条款发生变化**时，就不必看过去的收益记录了。

符合定量分析标准的收益记录

门徒　一家公司到底拥有什么样的收益记录才能符合我们的投资标准呢？

本杰明·格雷厄姆 我可以给你看三组案例，来说明什么样的收益记录符合我们的定量分析标准。

[案例分析]

表 2－24 A 组：因价格过高而具有投机性的普通股

（单位：百万元人民币）

公司	腾讯控股	东阿阿胶	片仔癀
归属母公司净利润			
2015	28806	1625	467
2014	23810	1366	439
2013	15502	1203	430
2012	12732	1040	349
2011	10203	856	255
2010	8054	582	194
2009	5156	392	130
2008	2785	287	141
2007	1566	206	95
2006	1064	149	80
10 年平均净利润	10968	771	258
近 5 年平均净利润	18211	1218	388
债务	184718	1526	752
优先股	无	无	无
普通股市值	1248841	31393	22122
资本总市值	1433559	32919	22873
净资产	120035	7014	3155
流动资产价值	负	4907	2072
根据十年平均净利润计算的盈利率（2006—2015 年）	0.9%	2.5%	1.2%
根据五年平均净利润计算的盈利率（2011—2015 年）	1.5%	3.9%	1.8%
10 年最高盈利率	2.3%	5.2%	2.1%
10 年最低盈利率	0.09%	0.5%	0.4%

本杰明·格雷厄姆 A 组的三家公司代表了成长股，这些公司非常受市场欢迎。它们共同的特点是预期前景广阔，财务状况稳健，过去收益记录稳定或持续增长。但是，这些股票的市场价格相对于其平均收益明显过高。

门徒 这三家公司过去收益的成长性都不错，但是股价相对于过去十年平均净利润、过去五年平均净利润、10 年中最高净利润和 10 年中最低净利润，盈利率都低得可怜。

表 2-25 B 组：因收益不稳定而具有投机性的普通股

公司	百德国际	东北虎药业	数字王国
归属母公司净利润	单位：百万港元	单位：百万元人民币	单位：百万港元
2015	-6.3	7.1	-156
2014	-27.8	-26.7	43
2013	3.1	6.7	-192
2012	10.2	19.6	6
2011	0.8	7.9	2
2010	5.0	-22.4	-29
2009	4.5	0.4	-62
2008	0.7	5.7	-107
2007	1.0	4.1	-65
2006	0.8	-23.6	-30
10 年平均净利润	-0.8	-2.1	-59
近 5 年平均净利润	-4.0	2.9	-59
债务	140	28	838
优先股	无	无	无
普通股市值	1698	806	6420
资本总市值	1838	834	7258
净资产	184	81	673
流动资产价值	155	2.4	负
根据十年平均净利润计算的盈利率（2006—2015 年）	负	负	负
根据五年平均净利润计算的盈利率（2011—2015 年）	负	0.4%	负

续表

公司	百德国际	东北虎药业	数字王国
10年最高盈利率	0.01%	2.4%	0.7%
10年最低盈利率	负	负	负

本杰明·格雷厄姆　B组的三家公司因为收入记录极不稳定，而具有明显的投机性。

门徒　这几家公司的收益记录确实是飘忽不定，时赚时亏，没有任何规律可循。

表2-26　C组：从数据上满足投资性要求的普通股

公司	新华文轩	兴达国际	英皇娱乐酒店
归属母公司净利润	单位：百万元人民币	单位：百万元人民币	单位：百万港元
2015	652	174	504
2014	635	328	600
2013	623	415	549
2012	629	189	465
2011	522	418	332
2010	437	792	587
2009	359	548	29
2008	338	418	202
2007	389	345	272
2006	303	194	167
10年平均净利润	489	382	371
近5年平均净利润	612	305	490
债务	3522	2321	1465
优先股	无	无	无
普通股市值	5276	1975	1824
资本总市值	8798	4296	3288
净资产	7164	5124	3335
流动资产价值	853	2739	2218
根据十年平均净利润计算的盈利率（2006—2015年）	9%	19%	20%

续表

公司	新华文轩	兴达国际	英皇娱乐酒店
根据五年平均净利润计算的盈利率（2011—2015 年）	12%	15%	27%
10 年最高盈利率	12%	40%	33%
10 年最低盈利率	6%	9%	2%

本杰明·格雷厄姆　C 组的三家公司虽然并不是当前市场追捧的高知名度成长股，但是他们的收益记录符合我们的投资标准。

门徒　这三家公司过去的收益都比较稳定，股价相对于过去十年平均净利润、过去五年平均净利润、10 年中最高净利润和 10 年中最低净利润，盈利率都相当不错。但是，这些公司过去的收益记录能够代表公司的未来吗？

本杰明·格雷厄姆　杰里米·西格尔在他的著作《股市长线法宝》中做过这样的统计，如图 2 -4 所示。

用公司过去 5 年盈利平均值进行指数平滑处理后计算的盈利率高的公司，未来 5 年得到高收益的概率要更高。

门徒　从这幅图中确实能够看出这样的概率分布。

本杰明·格雷厄姆　为公司描绘一个美好的未来前景比为公司创造十年以上良好的历史收益记录要容易太多。很多公司的管理层都喜欢为投资者描绘公司美好的未来前景。当我们选择股票时，如果不对公司过去的收益记录设定一些要求，很容易就被公司描绘的美好未来所欺骗。

我们的这种定量分析公司收益记录的方法，很像是从一组学生中选出未来成绩可能最好的一个学生。我相信过去十年成绩一直很优秀的学生，未来成绩继续优秀的概率要比过去十年成绩很差，但声称自

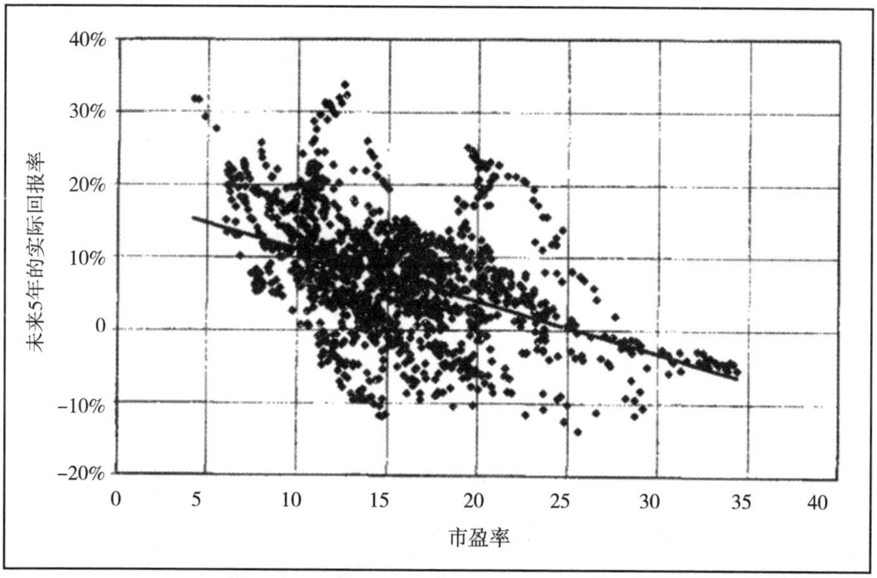

图 2-4　用过去 5 年盈利平均值进行指数平滑处理后的盈利收益率与未来 5 年实际回报率的比值（1876 年 1 月—2001 年 12 月）

资料来源：杰里米·J. 西格尔. 股市长线法宝［M］. 北京：机械工业出版社，2011.

己将来的成绩一定会非常牛的学生高得多。

这些检验标准包括以下内容：

（1）在过去十年间经营状况波动巨大的情况下，收益一直表现稳定；

（2）平均收益和市场价格之间的比率令人满意；

（3）财务状况足够稳健，营运资金充足。

我们并不认为必须以低于净资产的价格买入股票，但 C 组公司的股票确实具有这一特点。总之，符合标准的公司的股价不能够大幅高于其净资产。同时，有一点必须注意，在购买此类股票时，我们要由衷地相信公司的前景至少是向有利的方向发展的。

查尔斯·布兰帝　我们要求投资的公司过去有长期稳定的收益记录。虽然过去的业绩不能保证未来的成功，但长期稳定的收益记录能够强烈地显示公司未来的盈利潜力。

定性分析

门徒　在购买此类股票时，要由衷地相信公司的前景至少是向有利的方向发展的。但是公司符合什么检验标准才能够帮助我们确定公司的前景是向有利的方向发展的呢?

本杰明·格雷厄姆　我们采用的是以定量分析为主，定性分析为辅的分析方式。我们之前使用的所有检验标准，都属于数据定量分析。而公司的前景属于定性分析，是统计数据无法表达的因素。

门徒　能具体讲一讲什么是定量分析和定性分析吗?

本杰明·格雷厄姆　**定量分析**是对公司的统计数据进行分析。统计数据包括财务报表上的数据和年报中提供的其他数据，如产量、单位价格、成本、产能、未完成订单等数据。

定性分析是对公司的业务性质和前景、管理层能力、未来收益的趋势、业务的内在稳定性等统计数据无法表达的因素进行分析。

有一点非常重要，我们对公司的数据定量分析，只有得到定性分析的支持时才可靠。

本杰明·格雷厄姆　给你出一道选择题，下面哪个定性因素最应该得到重视?

A. 业务的性质和前景

B. 管理层的能力

C. 未来收益的趋势

D. 业务的内在稳定性

门徒　我会选择 A，公司业务的性质和发展前景最重要。对吗?

本杰明·格雷厄姆　正确答案应该是 D。

门徒　为什么不是 A 呢？

本杰明·格雷厄姆　我们来看一个案例。

[案例分析]

有这样两家公司，一家是热门股，一家是冷门股，估值相差很大。热门公司每股净资产 10 美元，股价 45 美元。冷门公司正好相反，每股净资产 40 美元，股价是 25 美元。

其实，它们是一家公司——分别是波音公司的两个不同年份。1939 年时，波音公司股价 45 美元，每股净资产 10 美元，盈利不多，但前景被看好；1945 年，二战结束，投资者认为飞机卖不出去了，不看好波音的前景。最终的结果是，1939 年，45 美元买入波音公司会损失惨重；1945 年，波音公司市场前景不被看好时买入则获利丰厚。1939 年到 1945 年短短七年时间，市场对同一家公司前景的态度发生了如此巨大的变化。

本杰明·格雷厄姆　好业务很容易辨别。当前表现太好或太差的行业，都不会持续太久。那些投资少、回报高的行业，很快就会有纠正的力量推动其均值回归。需求不断增长的行业往往由于供给的更快增长而迅速变差。

门徒　为什么不选 B，管理层也很重要啊？

本杰明·格雷厄姆　对管理层能力的客观测验方法很少，而且也不科学。如果一家公司的管理层的能力很强，这种能力也会在净资产收益率等指标上体现出来，我们在做定量分析时已经加分了 。如果我们在定性分析时，重新因为管理层的能力给公司加分，就相当于一副扑克牌数了两遍。

门徒 嗯，有道理，那为什么不是C，未来收益的趋势呢？

本杰明·格雷厄姆 过去的趋势已经是既成事实，可未来的趋势仅仅是个猜测。而且我们之前谈过，股市中有很多种力量会推动收益趋势向均值回归。过于强调趋势，很容易导致股价过于高估或低估。

门徒 那为什么是D，业务的内在稳定性呢？

本杰明·格雷厄姆 **分析师最应该关注的定性因素是公司的业务必须具有内在稳定性**。因为业务性质的稳定可以抵御变化。业务性质具有内在稳定性的公司，定量分析得出过去收益记录的稳定就更加可信。如果一家公司过去有着稳定的收益记录，但业务性质并不稳定，我们完全可以直接得出否定的结论。

门徒 为什么要采用以定量分析为主，定性分析为辅的分析方式呢？

本杰明·格雷厄姆 因为我们的分析主要是关注能以事实确定的价值，而非那些依赖未来预期的价值。另外定量分析的数据更容易获得，也更容易形成可靠结论；定性分析的很多因素都可以通过定量财务数据体现出来，因此，对定性因素进行仔细研究，对整体意义不大。

我们也会考虑未来可能的变数，但我们考虑这些的主要目的是对未来的变数加以防范，而非从中谋利。

第五节　怎样用股价与股息进行比较

股息收益率

门徒　股票的股息收益率应该怎样计算呢？

本杰明·格雷厄姆　股息收益率是指股息占股票价格的百分比。比如，一只股票每年支付 6 元股息，股价是 120 元，则这只股票的股息收益率就是 5%。

门徒　在估值过程中，股息收益率这个指标重要吗？

沃尔特·施洛斯　我们买的公司，不仅买入价相对于内在价值低估，而且大部分都会在我们等待估值修复的过程中发放股息。

本杰明·格雷厄姆　股息一般是根据收益的变化而进行调整的，所以普通股较低的股息收益率不应该被看作是严重的消极因素。

门徒　对股息收益率有什么检验标准吗？

本杰明·格雷厄姆　我们设定的检验标准是：

检验标准：股息收益率至少是长期 AAA 级债券收益率的 2/3。

股息在估值中的应用

门徒　您之前讲过盈利率这个指标在估值过程中的应用，现在又加入股息收益率这个指标，这些指标在估值过程中具体应该怎样应用呢？

本杰明·格雷厄姆　我们采用的是相对估值法，相对估值就是一门比较的艺术。让我们来看看，在加入股息因素以后具体应该怎样估值。

[案例分析]

假设有一只普通股 A，前景一般，收益为 7 美元，支付股息 5 美元，股价为 100 美元。这种情况下，盈利率为 7%，股息收益率为 5%。

再来看一只相似的普通股 B，收益为 7 美元，但只付 4 美元股息，售价低于 100 美元。其价格显然应该在 80 美元（相当于 5% 的股息收益率）和 100 美元（相当于 7% 的盈利率）之间。一般来说价格往往会接近下限而不是上限。合理的相对价格估计应该是 90 美元左右，这时股息收益率为 4.44%，而盈利率为 7.78%。如果投资者在股息收益率方面做出一定的让步，就有权对盈利率方面的要求提高一定比例。

在相反情况下，相似的股票 C，收益 7 美元，但支付 6 美元股息。这时投资者支付超过 100 美元的一定溢价是合理的，因为它的股息较高。当然，其上限将在 120 美元，这时股息收益率为 5%，盈利率为 5.83%。这时，适当的价格应该更接近于下限而非上限，如 108 美元，这时股息收益率为 5.56%，而盈利率为 6.48%。

虽然这些数字是任意假定的，但它们相当符合股市中正常情况下投资估值的情况。

股息政策的矛盾与政策制定权的滥用

门徒　有些公司股息发得很少，管理层声称，将盈利留在公司是为了能给股东带来更好的回报。这种说法可靠吗？

本杰明·格雷厄姆　首先我们必须清楚，上市公司的管理层和股票投资者在股息发放政策上存在着一种明显的矛盾。

典型的股票投资者更愿意今天就得到股息，明天的事明天再说。若两家公司大体情况相同，具有相同的盈利能力，支付更高股息的那家公司，其股价总是会比较高。

而管理层则更倾向于将盈利留在公司里，就像你刚刚说的，管理层振振有词，声称自己的做法是为了让股东的利益最大化。

门徒　管理层为什么更希望将盈利留在公司里呢？

本杰明·格雷厄姆　管理人员更希望将尽可能多的现金保留在公司的金库中，使财务问题变得容易。另外，管理人员出于个人发展的目的，为争取更高的薪水，也更希望将盈利留在公司用于持续拓展公司业务。

门徒　我明白了。五粮液公司就因为账面上留有大量现金，资金利用效率低，而股息发放比例又很低，一直为人所诟病。

本杰明·格雷厄姆　管理层在制定股息政策时是任意的，有时甚至是自私的。有时候，管理层甚至以更加凶险的方式滥用制定股息政策的权利。比如，公司可以减少股息发放，压低股价，帮助某些人以过分的低价购买公司的股票；或增加股息发放，抬高股价，来帮助某些人高价出货。这种股息政策制定的随意性也增加了我们股票分析的难度。

门徒　江湖真是险恶啊。

建议的股息发放方式

门徒 那您建议什么样的股息发放方式呢？

本杰明·格雷厄姆 所有其他情况都完全相同的两家公司，市场更倾向给股息发放比率更高的公司更高的估值，市场的这种倾向是正确的。

对于大多数公司来说，假设公司盈利为每股 10 美元，支付7 美元股息，公司的净资产每年增加 3 美元，这样的股息发放比率对公司价值的逐渐提升是有帮助的。这样的股息发放方式是我们赞同的。

相反，假如公司将 3 美元用于支付股息，而将 7 美元留在公司，大量的留存收益肯定会增加公司的价值，但是，对于大多数公司来说，公司价值的增长速度都无法达到每年 7% 的复利增长。我们批评的就是这种股息发放方式。在对公司进行估值时，如果公司的股息少得不成比例，那么只有在公司收益特别高（或流动资产价值高）的情况下，才值得投资。

对于大多数公司来说，我们建议的是像庆铃汽车股份这样的股息发放方式。庆铃汽车股份将每年收益的 70% 以上作为股息发放给股东。庆铃汽车历年股息支付如表 2－27 所示。

表 2－27 庆铃汽车历年股息支付率 （单位：百万元人民币）

报告期	2015/12/31	2014/12/31	2013/12/31	2012/12/31	2011/12/31	2010/12/31	2009/12/31	2008/12/31
股东应占盈利/（亏损）	480	445	372	291	354	302	241	175
股息	397	397	323	248	298	248	199	124
股息支付率	83%	89%	87%	85%	84%	82%	82%	71%

门徒 可是，有一些成长股根本不发股息，这类股票股价的上涨，也能为股东带来高额的回报啊。

本杰明·格雷厄姆　是的，确实也有个别公司可以通过将留存收益7美元再投资获得高收益，公司股东也可以从这种保守的股息发放政策中获得更高的回报。有这样能力的公司将盈利留在公司是可以理解的，如沃伦·巴菲特的伯克希尔－哈撒韦公司，过去几十年从来不发股息，但是它确实为股东带来了高额的回报。需要注意的是，能够像伯克希尔－哈撒韦这样高效利用留存收益进行再投资的公司真的是凤毛麟角。

沃伦·巴菲特　我们所遵循的股息发放原则是，如果公司留存收益1美元，能为股东创造2美元的股票市值，也就是留存收益再投资的高回报率，我们就赞同公司将收益留下；如果公司留存收益1美元，没有能力创造2美元的股票市值，那么我们则希望公司将收益发给股东，让股东自己再去找其他高回报的投资方式。

门徒　我理解了。

本杰明·格雷厄姆　下面我们来聊一聊股票股息，股票股息可以分为两种，特别股票股息和定期股票股息。

特别股票股息和拆股

门徒　什么是特别股票股息呢？

本杰明·格雷厄姆　特别股票股息是一种将往年累积盈余的一部分资本化而发放的股票股息，即它将累积盈余中的大量资金转移到设定资本账户中，并给股东配送额外的股票，以体现这部分转移的资金。

门徒　为什么要发特别股票股息呢？

本杰明·格雷厄姆　特别股票股息可以将股票价格调整到一个便于交易的水平。

门徒　拆股不是也可以降低股票的单价水平吗？

本杰明·格雷厄姆 是的，拆股可以起到与特别股票股息相同的作用。拆股更加常用，是因为拆股比发放特别股票股息有一个优势，拆股并没有累积盈余的限制。我们来看一下恒大健康的案例。

[案例分析 恒大健康]

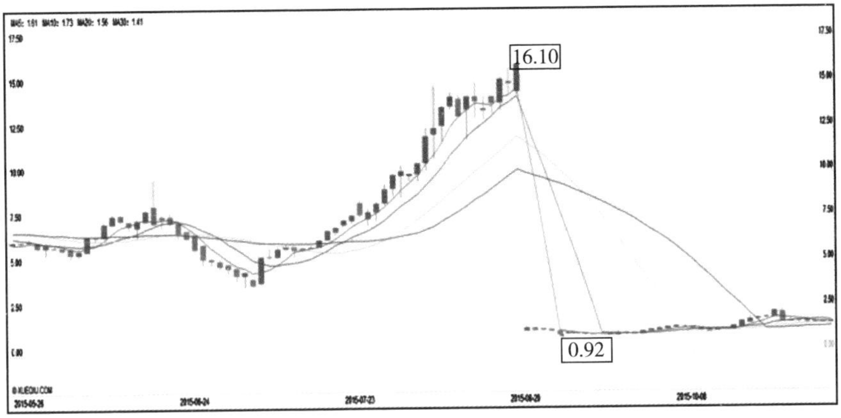

图 2-5 恒大健康拆股前后的股价

2015 年 8 月，恒大健康进行了拆股，1 股拆成了 10 股，总股数也从 8.64 亿股变成了 86.4 亿股。恒大健康股价从原来的 16 港元变成了 1 港元，拆股后交易起来更加方便了，同时股价看上去也更低了，但要注意的是很多假低价股也就是这样产生的。公司的一切都没有变，还是原来那一整张比萨，原来被切成 5 块，现在被切成了 10 块而已。

定期股票股息

门徒 什么是定期股票股息呢？

本杰明·格雷厄姆 定期股票股息可以定义为一种仅将本年度收益的一部分资本化的股票利息。因此，它的数额往往相对较小。因为这些股息发放通常按照既定的政策持续若干年，所以被称为“定期股票股息”。

门徒　发现金股息就可以了，为什么还要发放定期股票股息呢？

本杰明·格雷厄姆　举个例子，如果一家公司每年稳定赚取每股12美元的收益，只发放5美元的现金股息，公司将留存收益7美元中的大部分作为定期股票股息发给股东，这样的话股东将从中大大受益。

门徒　股东能从这些股票股息中得到什么好处呢？

本杰明·格雷厄姆　首先，股东可以更加方便地出售新得到的股票来获得现金，或保留新得到的股票来自己决定是否将留存收益再投资。

另外，投资者新获得的股票在未来也可以获得股息，这样股东未来可以收到的股息就增加了。

[**案例分析**]

如果一个公司的收益为12美元，现金股息为5美元，股票股息为5%。第二年该公司很可能对新股票也支付5美元的现金股息。相当于原有股票的股息增加到了5.25美元。没有股票股息，公司可能不会改变5美元的股息率。

第六节 管理层因素

关于股东和管理层的关系

门徒　您说过，股东和管理层在股息发放政策上是存在利益冲突的。您能具体说一说，股东和管理层之间到底是什么关系呢?

本杰明·格雷厄姆　需要补充一点，股东和管理层不仅在股息发放方面有利益冲突，股东和管理层之间的利益冲突还包括高管的薪酬和奖金、公司的扩张、公司持续亏损时是否破产清算等方面。

门徒　原来股东和管理层之间存在这么多利益冲突啊。

本杰明·格雷厄姆　需要明白一点，公司在法律上是归该公司股东所有的，公司高管只是股东的雇员。一个老练的商人是不会让自己的雇员来负责给自己发工资或决定应将多少资本留在公司的。

查尔斯·布兰帝　我们寻找的公司是：管理层的最终目的是为股东创造价值，而不是建立商业帝国。

沃尔特·施洛斯　我在选择股票时，有一个检验标准，就是公司管理层必须持有一定数量的本公司股票。这样管理层就能够同广大股东站在一边了。管理层不必是世界上最聪明的人，但一定要诚实。有些名声不好的管理层，只顾自己的利益，不管股东，我们要远离这样管理层名声不好的公司。

欧文·卡恩　我们也喜欢买入那些管理层持有一定数量公司股票的公司。

门徒　这确实是个好办法。你们会与管理层交流吗？'

本杰明·格雷厄姆　我不想和管理层交流，管理层说的话会影响我们做正确的判断。

沃尔特·施洛斯　我赞同格雷厄姆的观点。我们发现很难与管理层交流，他们总是把公司最好的一面展现给你。我们极少听到公司高管说："我们的表现很差，前景糟糕，我们对未来很悲观。"参加股东大会是好事，但太浪费时间了。

沃伦·巴菲特　几十年前，我和各大公司的管理层做了很多交流。现在我已经好久没这么做了。我们得到的所有信息都是通过公开文件获得的。

欧文·卡恩　我们还是比较喜欢面对面和公司管理层进行交流，通过交流可以对管理层的能力和诚信做出自己的判断。

关于管理层和股价的关系

门徒　如果一家公司的股价持续低迷，公司管理层有责任采取措施纠正股价吗？

本杰明·格雷厄姆　股票能够以公平的价格出售，与保持收益、股息及资产的稳定和增加，对股东来说同样重要。因此，管理人员有责任采取行动维护股东利益，包括在其能力范围内，防止本公司股票的价格过高或过低。

门徒　管理层可以采取什么措施来维护公司股价呢?

本杰明·格雷厄姆　比如，公司管理层利用多余的现金，以合理的价格大量回购公司股票就是一个值得赞扬的好办法。回购股票与额外发行新股让股东认购的做法恰恰相反。

关于股东和董事会的关系

本杰明·格雷厄姆　从理论上说，董事会成员由股东选举产生，公司管理人员向董事会负责。当股东与管理人员发生利益冲突时，董事会应当代表股东的利益。

但是，实际情况中不能指望董事会这样做。在许多公司中，董事会中的多数成员都是由受薪官员组成的。本人不是公司高管的董事也经常与公司的主要管理人员有着千丝万缕的联系。事实上，可以这样说，往往是管理人员选择董事，而不是董事选择管理人员。因此，当股东怀疑管理人员在谋取私利时，必须独立思考做出判断，不能轻易相信管理人员就一定会做出正确的判断。

第七节　怎样通过资产负债表检查公司的财务状况

沃尔特·施洛斯　在选股时，我喜欢挑选那些股价创新低的股票。股价创新低的股票一般都是陷入困境的公司，负债会给公司带来很多麻烦，所以我不喜欢负债。虽然高负债公司由于高杠杆，在经营情况好转时，收益增长弹性会更好。但我依然更喜欢买保守型资本结构的公司，它们负债不高，一般都非常安全。

本杰明·格雷厄姆　沃尔特说的是对的，我们买的都是负债很少的公司，几乎不碰高杠杆公司，过高的负债会给公司带来很多麻烦。

门徒　怎样衡量一家公司是否负债过高呢?

本杰明·格雷厄姆　下面，我们就来聊聊怎样通过资产负债表检查公司的财务状况。

营运资金的检验标准

本杰明·格雷厄姆　首先我们来看一下营运资金这个概念。营运资金指流动资产净值。它是流动资产减去流动负债后的净值。营运资金的多少可以反映公司偿还短期债务的能力。

营运资金 = 流动资产 - 流动负债

流动比率 = 流动资产/流动负债

速动比率 = （流动资产 - 存货）/流动负债

门徒　关于营运资金有什么检验标准吗？

本杰明·格雷厄姆　我们会用以下两个标准来考察营运资金。

检验标准一：流动资产至少为流动负债的 2 倍（也就是流动比率≥2）。

检验标准二：不包括存货的流动资产至少等于流动负债（也就是速动比率≥1）。

投资者可能会期望一个公司既满足第一个标准，又满足第二个标准，通过这种严格的考验。但如果这两个标准都不能满足，那么多数情况下，我们就要对一只普通股的投资地位产生强烈的怀疑。

门徒　如果将流动比率的要求提高，比如，要求公司的流动比率必须高于所在行业的平均水平，效果会不会更好呢？

本杰明·格雷厄姆　我们没有必要再设定更高的标准，也没有必要要求一家公司的流动比率必须高于行业平均水平，因为这样的话任何行业后一半的公司，无论其他条件多么令人满意，都会被排除在可投资股票之外。我们来看一个案例。

[案例分析　威灵控股]

表 2-28　威灵控股　（单位：百万港元）

资产负债表（2015 年 12 月 31 日）			
流动资产	5585	**流动负债**	3024
现金及现金等价物	1236	借款	21
已抵押银行存款	77	即期所得税负债	7

续表

资产负债表（2015 年 12 月 31 日）			
可供出售金融资产	721	衍生金融工具	8
衍生金融工具	9	贸易及其他应付款	2989
贸易及其他应收款	2987	**非流动负债**	168
存货	555	递延政府补贴	32
非流动资产	2010	递延所得税负债	136
预付物业、厂房及设备款项	5	**总负债**	3193
可供出售金融资产	120		
递延税项资产	19		
以权益法入账之投资	346	**股东权益**	4402
无形资产	80	**本公司拥有人应占权益**	4342
投资物业	47	股本	4967
物业、机器及设备	1194	其他储备	-2757
租赁土地及土地使用权	198	保留盈利	2133
总资产	7594	**非控股权益**	59

表 2-29　威灵控股营运资金的检验

营运资金 = 流动资产 - 流动负债	5585 - 3024 = 2561
流动比率 = 流动资产/流动负债	5585/3024 = 1.8
速动比率 = （流动资产 - 存货）/流动负债	（5585 - 555）/3024 = 1.6
检验标准：流动比率≥2 或速动比率≥1	符合标准

威灵控股的流动比率未达到标准，速动比率达到了标准。当两个标准都不能达到时，就要对这家公司的投资地位表示怀疑。

另外，在铁路和公用事业领域没有这种适用的检验标准。但不能因此就认为这些公司的营运资金状况完全不重要，它们只是无法用公式来衡量而已。

总负债的检验标准

本杰明·格雷厄姆　关于总负债我们经常用以下两个检验标准。

检验标准一：总负债小于股东权益。

检验标准二：总负债小于流动资产价值的2倍。

我们接着来看威灵控股这个案例，如表2－30所示，威灵控股的总负债符合这两项标准。

表2－30　威灵控股总负债的检验

检验标准	检验结果	
检验标准一：总负债小于股东权益	3193＜4402	符合标准
检验标准二：总负债小于流动资产价值的2倍	3193＜（5585－3193）×2	符合标准

特维迪·布朗　总负债小于股东权益这个屡试不爽的检验标准已经帮我们躲过了很多因为负债累累而无法经营下去的公司。

查尔斯·布兰帝　这几个检验标准非常严格，对于经验丰富的投资者，可以适当放宽要求。例如，如果公司负债的利率很低，或者公司的盈利一直保持高而稳定的水平，则可以忽略关于总负债的要求。但一定要记住，必须要经过充分的研究后，在极具说服力的情况下才可以这样做，不要让自己承担太多风险。另外，金融行业的负债要远大于权益，不适用这条标准。

门徒　关于检验公司的财务状况，只需要符合这些检验标准就可以了吗？

本杰明·格雷厄姆　检验负债是否符合各种标准，只是从数量上考察负债。负债有很多种，不同类型的负债对公司财务状况的影响是不同的，还需要进一步了解。

巨额银行贷款的影响

本杰明·格雷厄姆　巨额银行贷款是衰退的征兆。一家公司在出现财政困难之前几乎总是伴随着短期内到期的银行贷款或其他债务的出现。也就是说，薄弱的财政状况很少是由应付账款造成的。

门徒　您是说所有银行贷款都是危险的吗？

本杰明·格雷厄姆　不，我并不是说所有银行债务都是危险的，合理地使用银行贷款其实是可取的。

另外，巨额银行贷款经常发生在铁路和公用事业公司。当一家公司收益可观时，很少会因为银行贷款破产。但是如果收益开始减少，融资又行不通时，贷款可能迫使公司暂停支付股息，用所有利润来偿还债务。

公司间债务的影响

本杰明·格雷厄姆　公司间债务的危险性并不高。实践证明，很少有公司被公司间负债逼入尴尬的境地。

即将到期的长期债务的危险性

本杰明·格雷厄姆　当公司经营不善时，短期内即将到期的大量债务会构成严重的财务问题。当资产负债表出现这种情况时，投资者必须格外小心。即将到期的长期债务是公司破产的常见原因。即将到期的债务可能以某种融资方式得到解决，但必须还要考虑再融资时可能需要的成本。

中期到期的银行贷款的影响

本杰明·格雷厄姆　银行贷款给公司，可在几年内偿还。这种贷款部分必须被视为等同于流动负债，部分等同于提前到期的债务。如果公司流动资产十分雄厚，使贷款可以作为流动负债而随时处理；或盈利能力非常强大，再融资根本不成问题的话，银行贷款也没什么危险。但是如果没有这样的条件，我们就必须将存在大量的中期银行债务当作对股息或者偿付能力的一种潜在威胁。

关于高额负债对公司的影响，我们来看一个案例。

[案例分析 ST 舜船]

表 2-31 ST 舜船 （单位：万元人民币）

资产负债表	2015/12/31	2014/12/31
流动资产	139334	641953
货币资金	28433	129500
应收账款	1205	17533
预付款项	798	38589
其他应收款	33357	193093
存货	71677	242356
其他流动资产	3864	20881
非流动资产	173313	298124
长期应收款	12464	17045
固定资产	150387	253459
在建工程		2250
无形资产	8496	9053
长期待摊费用	454	5404
递延所得税资产		2218
其他非流动资产	1512	8697
总资产	312647	940077
流动负债	611980	659313
短期借款	132041	130202
衍生金融负债		32
应收票据	108089	189810
应付账款	37701	37662
预收款项	132098	176179
应付职工薪酬	536	454
应交税费	966	458
应付利息	5027	2653
应付股利	1126	1126

续表

资产负债表	2015/12/31	2014/12/31
其他应付款	21896	80736
一年内到期的非流动负债	72500	20000
其他流动负债	100000	20000
非流动负债	226201	259350
长期借款	64054	116559
应付债券	78000	77644
长期应付款	41469	45271
预计负债	41678	17876
其他非流动负债	1000	2000
总负债	838180	918663
所有者权益	-525534	21414
股本	37485	37485
资本公积	51993	51993
其他综合收益	329	23
盈余公积	4891	4891
未分配利润	-618124	-73084
归属母公司所有者权益合计	-523426	21308
少数股东权益	-2108	106
所有者权益合计	-525534	21414
负债和所有者权益合计	312647	940077

资料来源：ST 舜船 2015 年报

本杰明·格雷厄姆　我们可以用这些检验标准检验一下舜天船舶 2014 年末的财务状况。

表 2-32　ST 舜船营运资金和总负债的检验（2014 年 12 月 31 日）

检验标准	结果	
检验标准一：流动比率≥2 或速动比率≥1	流动比率 =1　速动比率 =0.6	不符合标准
检验标准二：总负债小于股东权益	负债权益比 =43	不符合标准
检验标准三：总负债小于流动资产价值的 2 倍	总负债/［（流动资产 - 总负债）×2］= -1.6	不符合标准

2014 年舜天船舶的营运资金和总负债都不符合我们的检验标准。最夸张的是，舜天船舶的总负债是股东权益的 43 倍。而 2013 年，舜天船舶的总负债也达到股东权益的 2.6 倍。

2016 年 2 月 17 日，A 股上市的江苏舜天船舶股份有限公司（舜天船舶，002608. SZ）宣布：公司已进入破产重整程序。

查尔斯·布兰帝　公司的负债水平低可以保证在发生经济危机或公司自身危机时保持稳健安全。

特维迪·布朗　高负债率的另一个危险是借债方不得不将主导权拱手让给债权人。在形势一片大好时，也许可以轻而易举地借到钱。但是，在形势恶化时，也就是你最需要钱的时候，也就是银行最可能催你还钱的时候。贷款人可以随时告诉你，游戏结束了，你需要还钱了。稳健的资产负债表是一家公司生命力、抵抗力和持久力最好的来源。

第八节　同行业公司对比分析

对比分析的方法

本杰明·格雷厄姆　对某个行业内的几家公司进行数据比较分析，是证券分析师日常工作的一部分。

门徒　这样的比较有什么作用呢？

本杰明·格雷厄姆　我们以整个行业的发展为研究背景，对各个公司进行研究，常常能发现某些股票价格过低或过高的情况，或发现一家公司的股票应当被同行业另外一家公司的股票代替。

沃尔特·施洛斯　其实格雷厄姆不仅喜欢拿相同行业的两家公司进行比较，他还喜欢拿股票字母代码相邻的两家公司进行比较，例如，他曾经拿可口可乐和生产牙膏的高露洁进行比较。

门徒　哈哈，原来不同行业的股票也可以比较啊。那具体怎样进行比较呢？

本杰明·格雷厄姆　我们可以看一下表2－33，这是一个标准比较表格。

表 2－33 标准比较表格

序号	项目	A 公司	B 公司
1	股价		
2	普通股股份数		
3	普通股市值		
4	债务		
5	资本总市值		
6	普通股市值/资本总市值		
7	每股净资产		
8	每股流动资产价值		
9	每股现金资产价值		
10	销售额		
11	净利润		
12	每股收益		
13	五年前每股收益		
14	十年前每股收益		
15	当期股息		
16	过去十年发放股息年数		
17	比率：		
18	市盈率		
19	市净率		
20	市销率		
21	股息收益率		
22	净利润率		
23	净资产收益率		
24	流动比率		
25	速动比率		
26	负债权益比		
27	总负债/（流动资产价值×2）		
28	每股收益增长：		
29	过去五年每股收益增长率		
30	过去十年每股收益增长率		
31	过去十年年度收益下降超过5%的年数		

表 2－34　标准比较表格的解释

<table>
<tr><th>项目</th><th>解释</th></tr>
<tr><td colspan="2">资本结构</td></tr>
<tr><td>6. 普通股市值/资产总市值</td><td rowspan="3">这几个指标在判断公司是保守型资本结构或投机型资本结构时发挥作用。不可以将投机型资本结构的公司和保守型资本结构的公司进行比较，因为它们股东应占净利润的运行规律是不一样的</td></tr>
<tr><td>20. 市销率＝市值/销售额</td></tr>
<tr><td>22. 净利润率＝净利润/销售额</td></tr>
<tr><td colspan="2">利润表</td></tr>
<tr><td>18. 盈利率＝1/市盈率</td><td rowspan="2">盈利率是最重要的比率，盈利率高于行业平均水平是不可靠的，必须净资产收益率也高于行业平均水平才可靠</td></tr>
<tr><td>23. 净资产收益率</td></tr>
<tr><td>29. 过去五年每股收益增长率</td><td rowspan="2">可以考察公司的收益增长率。至于过去 7 年平均收益和收益趋势哪个更重要，这完全由投资者根据具体情况自己决定</td></tr>
<tr><td>30. 过去十年每股收益增长率</td></tr>
<tr><td>31. 过去十年年度收益下降超过 5%的年数</td><td>可以考察公司历史收益的稳定性</td></tr>
<tr><td colspan="2">资产负债表</td></tr>
<tr><td>19. 市净率</td><td>这个指标可以考察公司的股价是否大幅超出现有资产价值。当股票的市净率低于 1 时，还可以用股价与上表第 8 项每股流动资产价值和第 9 项每股现金资产价值进行比较</td></tr>
<tr><td>24. 流动比率</td><td rowspan="4">这些指标可以考察公司的财务状况是否出现问题</td></tr>
<tr><td>25. 速动比率</td></tr>
<tr><td>26. 负债权益比</td></tr>
<tr><td>27. 总负债/（流动资产价值×2）</td></tr>
<tr><td colspan="2">股息因素</td></tr>
<tr><td>21. 股息收益率</td><td>普通股较低的股息收益率通常不应被看作是严重的消极因素，因为在一段时间内股息通常是按照盈利能力进行调整的</td></tr>
<tr><td>16. 过去十年发放股息年数</td><td>可以考察公司历史股息发放的稳定性</td></tr>
</table>

标准比较表格中的所有比率可以分为四类，从资本结构、利润表、资产负债表和股息因素四个方面进行比较。关于各种比率的用法，之前我们都已经详细聊过了。我们来看看下面这个案例。

[案例分析 金沙中国和英皇娱乐酒店]

表 2－35 金沙中国和英皇娱乐酒店的比较（2015 年）

序号	项目	金沙中国	英皇娱乐酒店
1	股价（港元）	30	1.5
2	普通股股份数（百万）	8069	1303
3	普通股市值（百万港元）	242079	1954
4	债务（百万港元）	38236	1465
5	资本总市值（百万港元）	280315	3419
6	普通股市值/资本总市值	86%	57%
7	每股净资产（港元）	5.6	2.56
8	每股流动资产价值（港元）	负值	1.7
9	每股现金资产价值（港元）	负值	1.44
10	销售额（百万港元）	32386	2035
11	净利润（百万港元）	11312	504
12	每股收益（港元）	1.40	0.39
13	五年前每股收益（港元）	0.64	0.45
14	十年前每股收益（港元）	0.36（2006 年）	0.01
15	当期股息（港元）	1.99	0.11
16	过去十年发放股息年数	5	10
17	比率：		
18	市盈率	21	4
19	市净率	5.4	0.59
20	市销率	7.5	0.96
21	股息收益率	6.6%	7%
22	净利润率	35%	25%
23	净资产收益率	25%	15%
24	流动比率	1.2	4.2
25	速动比率	1.2	4.2
26	负债权益比	0.8	0.4
27	总负债/（流动资产价值×2）	负值	0.3
28	每股收益增长：		
29	过去五年每股收益增长率	488%	102%
30	过去十年每股收益增长率	（过去七年）730%	960%
31	过去十年年度收益下降超过 5% 的年数	3 年	4 年

本杰明·格雷厄姆　两家公司的主营业务都是在澳门经营博彩业，金沙中国是行业的龙头公司，英皇娱乐酒店则是行业中相对比较小的公司。金沙中国和英皇娱乐酒店都属于比较保守的资本结构，负债比率都不高。

两家公司的净资产收益率都比较高，金沙中国的净资产收益率比英皇娱乐酒店更高，也就是说相同的资本投入，金沙中国的回报要比英皇娱乐酒店更高。

门徒　金沙中国的净资产收益率是25%，而英皇娱乐酒店的净资产收益率只有15%。

本杰明·格雷厄姆　是的，但如果考虑到股价因素，金沙中国的盈利率（市盈率的倒数）是4%，而英皇娱乐酒店的盈利率是25%，英皇娱乐酒店的盈利率要比金沙中国高很多。

两家公司过去十年的每股收益增长率都很高，过去五年金沙中国的每股收益增长率要比英皇娱乐酒店高。

门徒　市场就是喜欢金沙中国这样的高速成长股。

本杰明·格雷厄姆　是的。另外，过去十年年度收益下降超过5%的年数，金沙中国是3年，英皇娱乐酒店是4年，收益的稳定性都还不错。

相对于净资产，金沙中国的股价是净资产的5.4倍，而英皇娱乐酒店的股价不仅低于净资产，甚至低于流动资产价值。流动资产价值可以粗略估算一家公司的清算价值，也就是说英皇娱乐酒店的股价低于公司的清算价值。

门徒　与资产一比较就明显可以看出，金沙中国当前的股价没有英皇娱乐酒店那么便宜。

本杰明·格雷厄姆　是的。此外，两家公司的财务状况都很稳健。

两家公司的当期股息收益率都很高，金沙中国过去十年中的五年发放了股息，而英皇娱乐酒店过去十年间每年都发放了股息。

金沙中国确实是一家好公司，股价是典型的行业龙头公司的走势，行业龙头被市场广泛看好，股价很少有机会能够符合我们的要求，可能必须要等到熊市底部区域时，才有可能有机会买到。英皇娱乐酒店这样的行业二三线公司的优点是，即使在市场整体并不明显低估时也会出现投资机会。在熊市底部区域时，如果龙头股也足够便宜，到底是以0.5元买入价值1元的行业龙头公司，还是以0.25元买入价值1元的行业二三线公司，这全凭个人喜好。我个人倾向，如果能以便宜的价格买到一个行业的龙头公司，就没有必要去买那些行业中的二三线公司了。

门徒　完全同意您的观点，我也更喜欢龙头股，但是这些行业龙头公司实在是太难有机会以便宜的价格买到了。

本杰明·格雷厄姆　是的，如果你坚持只买龙头股，你就必须忍受长时间无股可买并长期空仓的痛苦。

关于股票当前价格和历史价格的比较

沃尔特·施洛斯　我经常还会用股票当前价格和历史价格进行比较。一只股票可能从12元涨到100元，然后又从100元跌到70元。你可能认为股价已经从100元跌到70元了，太好了，但是你没注意，几年前这家公司的股价只有10元。股价如果离上一个低点太远，可能会比较脆弱。

本杰明·格雷厄姆　是的，我们经常用股票的当前价格和历史价格进行比较，看看股价的前一个最高点是多少，前一个最低点是多少。我们可以接着看英皇娱乐酒店这个案例。

表 2-36 英皇娱乐酒店股价的前期高点和低点 （单位：港元）

	2011 年	2014 年	2016 年
股价高点		5.4	
股价低点	0.97		1.16

本杰明·格雷厄姆 英皇娱乐酒店当前的股价是 1.5 港元，当前股价离前一个股价低点很近，离前一个股价高点很远，这样概率就在我们这一边。当然，如果股价能更低，能离前一个低点更近，肯定更好。股价很大程度是由每股收益决定的，前一个股价高点很可能就是之前公司收益最高时创造的，从前一个股价高点可以看出股价的上涨潜力。

关于定性分析的再次强调

本杰明·格雷厄姆 再次强调，通过标准比较表格得出的结论一定要得到定性分析的支持以后才能够成立。

门徒 明白，就像您之前说的那样，我肯定会重点关注公司业务的内在稳定性这一定性因素的。

关于同质性行业和异质性行业

本杰明·格雷厄姆 这种数据对比分析，对于同质性行业比异质性行业更加有效。

门徒 什么是同质性行业呢？

本杰明·格雷厄姆 同质性行业就是未来的发展变化会影响到该行业所有公司，全行业一荣俱荣，一损俱损。我们的数据对比分析方法对这类公司非常有效。如铁路、电力、热力、食糖、煤炭、金属、钢材、水泥、棉花等，这类公司同行业各家公司生产的产品都差不多，品牌是次要因素。

门徒　那什么是异质性行业呢？

本杰明·格雷厄姆　异质性行业就是该行业的个别公司对未来的发展变化有着完全不同的反应，行业各家公司宣传和销售各自的品牌制成品，这样的行业一家公司的兴旺往往建立在牺牲竞争对手利益的基础上。我们的数据对比分析方法对这样的行业就不完全具有指导作用。我们在分析异质性行业时，要格外谨慎地对待数据对比分析得出的结论，越是异质性行业，对定性分析的要求就越高。

门徒　越是异质性行业，对定性分析的要求就越高，我记住了。

本杰明·格雷厄姆　最后，不要被标准比较表格的精确计算所蒙骗。这种对比分析方法或许可以减少某些风险，但绝对不可能使投资完全避免面对未来的变迁、股市本身的顽固或个人判断失误的影响。因为这些往往都是不可避免的，所以投资者必须要敢于犯错误。

第三章

投资组合管理

第一节　买入

投资机会

门徒　具体应该怎样发现投资机会呢？

本杰明·格雷厄姆　还记得市场先生吗？

门徒　记得，市场先生的情绪很不稳定，他每天不知疲倦地向我们报价。要让市场先生为我们服务，而不要被市场先生指挥。

本杰明·格雷厄姆　很好，在一段时间里，会有一部分股票受市场追捧，同时肯定会有另外一部分股票因为各种原因被市场嫌弃，我们会在这些暂时被嫌弃冷落的股票中寻找机会。如果想让市场先生很好地为我们服务，最好还要进一步了解市场先生的性格特点。比如，市场先生一般会因为什么事情高兴，因为什么事情沮丧。这样我们就可以在市场先生沮丧时找到好的投资机会。

查尔斯·布兰帝　价值投资有效有两个原因，一是它始终关注着价值和价格之间的关联；二是它利用了人性的弱点。

门徒　这听上去很有趣，能具体说说市场先生有哪些性格特点吗？

本杰明·格雷厄姆　大部分的市场定价错误都是由于市场先生以下几个性格特点造成的，它们包括：**夸大、过度简单化和忽视**。

门徒　什么是夸大呢？

对当期收益做夸大反应

本杰明·格雷厄姆　市场先生喜欢对当期收益变化做夸大反应。市场先生的这个特点能为我们不断地带来投资机会。**在收益暂时减少时，低价买入普通股；而在收益高涨时，高价将股票抛出**。这就是长久以来为人接受的“击败股市”的经典套路。这样做需要坚毅的性格、逆向思考的能力和等待数年一遇机会的耐心。

门徒　这确实是一个不错的主意。除了喜欢对当期收益变化做夸大反应，市场先生还喜欢对什么做夸大反应？

对股息变化做夸大反应

本杰明·格雷厄姆　市场先生喜欢对公司股息的减少做出夸大反应，这也可以为投资者带来低价的投资机会。我们来看一个案例。

[案例分析　中银香港]

中银香港（单位：港元）	2012年	2013年	变化百分比
每股收益	2.0	2.1	6%
每股股息	1.24	1.01	-18%

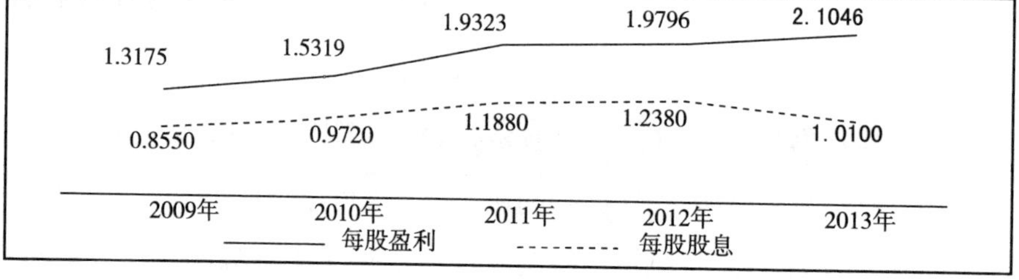

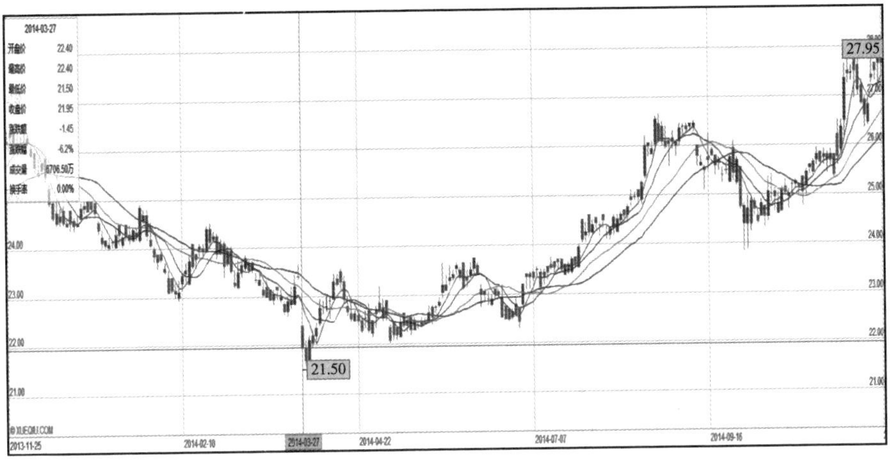

图 3－1　2013—2014 年中银香港的股价走势

2014 年 3 月 26 日，中银香港公布 2013 年全年业绩，全年母公司应占净利润 222 亿港元，比上一年增长了 6.3%。但是末期股息由 2012 年每股派发 0.693 港元减至 2013 年的 0.46 港元。全年派发股息减少 18%。公布这个消息后第二天，中银香港的股价下跌了 6%。

门徒　看来市场先生不仅喜欢对每股收益变化做夸大反应，对股息变化的反应也很夸张啊。

本杰明·格雷厄姆　是这样的。另外，市场先生也喜欢对股息的增加做出夸大反应。股票增加现金股息无疑是好消息，但是仅仅因为每年的股息由 5 元增至 6 元，就将股价提高 20 元的做法是荒谬的。这意味着高价购买这只股票的投资者提前支付了未来 20 年他所能获得的额外股息。这是不合逻辑的。

门徒　为了增加的一点儿股息，而提高太多的买入价，实在是得不偿失。

对诉讼做夸大反应

本杰明·格雷厄姆　市场先生强烈地厌恶诉讼。任何一起诉讼都会对该公司的股价产生巨大的影响，其股价下跌幅度与其案件的严重性相比，往往是极不相称的。我们来看几个案例。

[**案例分析　蒙牛乳业**]

图 3－2　2004—2015 年蒙牛乳业的股价走势

2008 年发生了三聚氰胺毒奶粉事件，9 月 22 日，河南省镇平县一位孙姓家长向河南省镇平县人民法院提起民事赔偿诉讼，这是全国首例消费者向奶粉公司提起民事赔偿的诉讼案件。截至 2009 年 2 月 28 日，已经有 337 人委托他们进行民事赔偿诉讼，起诉的对象包括三鹿、圣元、施恩、雅士利、南山、伊利、蒙牛等品牌。乳制品行业受到很大冲击，2008 年 9 月 23 日，蒙牛乳业一天之内股价暴跌 56%，市场先生给予了蒙牛乳业绝望的价格。毒奶粉事件的影响是巨大的，通过理性分析可以得出，蒙牛和伊利两大龙头公司并不是主要的诉讼目标，两家公司市场占有率非常高，行业地位稳固。全民不喝牛奶这种状况并不会持续很长时间。

[案例分析　德林国际]

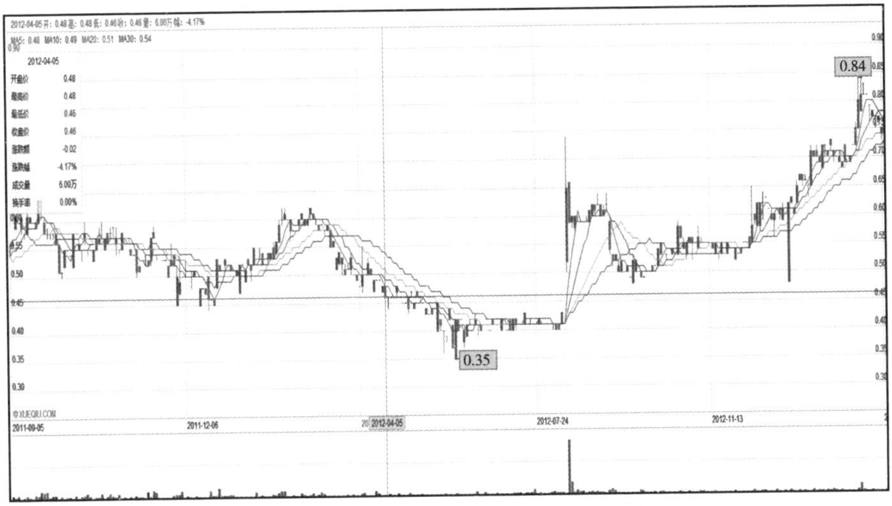

图 3－3　2011—2012 年德林国际的股价走势

2012 年 4 月 5 日，德林国际公布，公司收到由高院发出有关索偿案之传令状，涉及金额为 391 万美元。由于市场对诉讼的厌恶，德林国际股价在两个月内从 0.48 港元一直下降到 0.35 港元，股价下降了 27%。通过理性分析可以得出，2011 年德林国际的净利润是 7400 万港元，2010 年是 1.99 亿港元，391 万美元的索赔会对当期收益造成一定影响，但影响不会很大，而且影响是暂时的。由于市场先生对诉讼的极度厌恶，股价大幅下跌，反应过度。4 个月后，2012 年 8 月 10 日，德林国际发布正面盈利预告，预期上半年纯利有显著增长。市场终于发现索赔案对公司的影响没有预期那么大，股价从 0.41 元港币上涨到 0.74 元港币，一天之内暴涨 80%。

门徒　看来市场先生过于情绪化的性格特点确实很严重啊。

对合并和分拆做夸大反应

本杰明・格雷厄姆　市场先生总是对合并和分拆行为充满热情。市场认为，2 加 2 会等于 5；而 5 除 2 会等于 3。

其实市场就是渴望采取行动，渴望有令人兴奋的消息表明股价将会上涨，而且希望有利好消息或新的概念来为自己的买入行为找到理由。

门徒　原来市场就是想为自己的买入找一个理由啊。那过度简单化又是什么呢？

趋势外推

本杰明・格雷厄姆　市场先生喜欢过度简单化地将趋势外推。他的错误在于，他总是假设任何现有趋势都会继续发展下去，或者至少会保持下去。然而经验表明，趋势外延只是例外情况，趋势更倾向于向相反方向发展。我们可以利用市场先生的这个特点找到投资机会。

特维迪・布朗　大多数投资者在股市下跌时离开市场，因为他们认为下跌的趋势还将延续下去。等到股市出现反弹之后，他们又重新入市，这样就错过了反弹过程中最有利可图的时段。

门徒　是呀，之前在聊股票的各种收益记录时就发现，市场先生确实有将趋势外推的特点。那什么是忽略呢？

冷门股的市场行为

本杰明・格雷厄姆　热门股票的股价几乎总是对其收益变化迅速地做出反应。冷门股票的股价表现主要取决于专业机构的态度。如果专业机构对该股票缺乏兴趣，冷门股的价格就可能远远滞后于收益变化。如果该股票受到专业机构关注，则结果完全相反，价格将会对其收益变化做出迅速反应。

这些被市场忽略的冷门股，可能会为勤奋的投资者提供很好的投资机会。我们来看看下面这个案例。

[案例分析　金山软件]

2012 年 5 月 24 日，金山软件公布 2012 年前三个月业绩，如表 3－1所示。

表 3－1　金山软件 2012 年第一季度业绩　（单位：千元人民币）

项目	2011 年 1—3 月	2012 年 1—3 月	上年同期比较
销售额	231276	292585	27%
母公司股东应占净利润	66894	87526	31%

金山软件 2012 年前三个月销售额同比增长 27%，母公司应占净利润同比增长 31%，但是，如图 3－4 所示，金山软件的股价反应却很平淡，轻微上涨之后又跌了下来。

图 3－4　2012 年金山软件的股价走势

2012年8月23日，金山软件公布了2012年中期业绩，如表3-2所示。

表3-2　金山软件2012年中期业绩　（单位：千元人民币）

项目	2011年1—6月	2012年1—6月	上年同期比较
销售额	494243	615052	24%
母公司股东应占净利润	170809	199423	17%

金山软件2012年前六个月销售额同比增长24%，母公司应占净利润同比增长17%。但是，从8月23日到9月9日，金山软件的股价依然没有任何反应，直到2012年9月10日才开始大幅上涨。市场先生对这只曾经的冷门股收益变化的反应严重滞后。

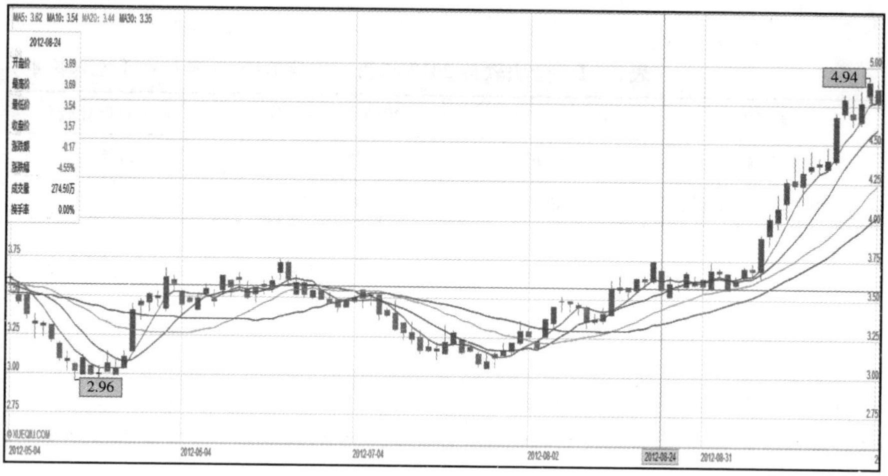

图3-5　2012年金山软件的股价走势

其他发现投资机会的方法

门徒　还有其他发现投资机会的方法吗？

欧文·卡恩　我喜欢在当前低迷的行业中，股价创新低的股票中寻找机会。

沃尔特·施洛斯　我喜欢买烂行业中的好公司，在股价创新低的股票中寻找投资机会。

查尔斯·布兰帝　我们寻找的公司，并不一定是当前做得很好的，很多是当前有问题没人愿意要的公司。公司收益的暂时性下滑所导致的负面情绪，很可能将股价拉低，为我们创造好的投资机会。但我们需要做出判断，公司当前的问题是永久性的，还是暂时性的。根据我过去45年的经验，这些当前有问题的公司大部分最终会解决问题，并价值回归，只有一小部分公司的问题是永久性的。我们会在**不受欢迎的行业、地域性低谷、股价创新低的股票、股价急速下跌的股票、顶级价值投资者的投资组合**中寻找投资机会。

特维迪·布朗　我们也喜欢在股价下跌时买入，根据我的经验，在股市下跌以后，只要公司拥有强健的基本面，他们的股票大多会出现反弹，只不过是反弹的早晚而已。另外，我们还会密切关注**公司内部人士买入公司股票，内部人士高额持股，公司回购股票，积极投资者的行动**等催化剂，如果这些拥有催化剂的股票同时股价又低于净资产，我们会从这些股票中寻找好机会。我们也会**借鉴其他顶级价值投资者的投资组合**，寻找投资标的。

大多数情况下，收购一家公司的价格都会非常接近其真实价值，我们建立了各行业的历史并购数据库，去找公司**股价远低于该行业的并购价格**的投资机会。

门徒　借鉴其他顶级价值投资者的投资组合？原来大师也抄作业啊。

查尔斯·布兰帝　借鉴顶级价值投资者的投资组合中的股票确实可以提高投资的准确率，但这只是初步筛选工作，我们还必须对选中的投资标的进行进一步研究。

约翰·邓普顿　刚才几位所说的在不受欢迎的行业、地域性低谷、股价创新低的股票、股价急速下跌的股票中寻找投资机会，都可以归纳为在市场大众都不喜欢的股票中寻找投资机会，也就是逆向投资。逆向投资不仅可以用在股票交易中，也可以应用于任何其他商业活动中。

这是我童年时从父亲那里学到的。我的父亲是一名律师，他所工作的律师事务所正对着小镇广场，从事务所二楼的窗户可以清楚地看到小镇广场，县法院经常在小镇广场上拍卖农场。每当拍卖会没有人出价的时候，我父亲就会快步下楼，来到广场上出价。以这种方式，他通常可以以极低的价格买到农场。最多时，他一共拥有了六个农场。后来，他将这些以极低价格买到的地产卖给开发商，赚了很多钱。父亲的这种**在极度悲观时买入、在无人出价时出价**的投资方式影响了我的一生。

[案例分析　航空业]

2001 年美国遭受恐怖袭击以后，股市出现恐慌性抛售，航空业整体股价暴跌。我们在市场对航空业最绝望的时候买入了三只跌幅超过 50% 的航空股，结果在短短六个月内，随着市场对航空业信心的逐渐恢复，这三只股票分别上涨了 61%、72% 和 24%。

记住，牛市在悲观中诞生，在怀疑中成长，在乐观中成熟，在兴奋中死亡。最悲观的时刻正是买进的最佳时机，最乐观的时刻是卖出的最佳时机。

门徒　人弃我取。您说得太有道理了。

催化剂

门徒　什么是催化剂呢？

特维迪·布朗　很多公司利润丰厚，股价却长时间被市场低估，缺少的就是能引起市场关注的催化剂。公司回购股票、内部人士增持股票和积极投资者的行动，可以引起市场关注公司的内在价值。我们来看一个内部人士增持公司股票产生催化剂的案例。

内部人士增持

[案例分析　英皇娱乐酒店]

日期	股东名称	披露原因	买入／卖出涉及的股份数目	每股平均价	持有权益的股份数目	占已发行股本(%)
25/02/2016	Emperor International Holdings Limited	115(L)	+1,000,000(L)	HKD 1.355(L)	824,622,845(L)	63.31
25/02/2016	楊受成	115(L)	+1,000,000(L)	HKD 1.355(L)	824,622,845(L)	63.31
25/02/2016	Albert Yeung Holdings Limited	115(L)	+1,000,000(L)	HKD 1.355(L)	824,622,845(L)	63.31
25/02/2016	陸小曼	121(L)	+1,000,000(L)	HKD 1.355(L)	824,622,845(L)	63.31
25/02/2016	STC International Limited	115(L)	+1,000,000(L)	HKD 1.355(L)	824,622,845(L)	63.31
24/02/2016	陸小曼	121(L)	+735,000(L)	HKD 1.367(L)	823,622,845(L)	63.23
24/02/2016	STC International Limited	115(L)	+735,000(L)	HKD 1.367(L)	823,622,845(L)	63.23
24/02/2016	Albert Yeung Holdings Limited	115(L)	+735,000(L)	HKD 1.367(L)	823,622,845(L)	63.23
24/02/2016	Emperor International Holdings Limited	115(L)	+735,000(L)	HKD 1.367(L)	823,622,845(L)	63.23
24/02/2016	楊受成	115(L)	+735,000(L)	HKD 1.367(L)	823,622,845(L)	63.23
23/02/2016	STC International Limited	115(L)	+640,000(L)	HKD 1.378(L)	822,887,845(L)	63.18
23/02/2016	陸小曼	121(L)	+640,000(L)	HKD 1.378(L)	822,887,845(L)	63.18
23/02/2016	Albert Yeung Holdings Limited	115(L)	+640,000(L)	HKD 1.378(L)	822,887,845(L)	63.18
23/02/2016	Emperor International Holdings Limited	115(L)	+640,000(L)	HKD 1.378(L)	822,887,845(L)	63.18
23/02/2016	楊受成	115(L)	+640,000(L)	HKD 1.378(L)	822,887,845(L)	63.18
15/02/2016	楊受成	115(L)	+535,000(L)	HKD 1.349(L)	822,247,845(L)	63.13
15/02/2016	Emperor International Holdings Limited	115(L)	+535,000(L)	HKD 1.349(L)	822,247,845(L)	63.13
15/02/2016	Albert Yeung Holdings Limited	115(L)	+535,000(L)	HKD 1.349(L)	822,247,845(L)	63.13
15/02/2016	STC International Limited	115(L)	+535,000(L)	HKD 1.349(L)	822,247,845(L)	63.13
15/02/2016	陸小曼	121(L)	+535,000(L)	HKD 1.349(L)	822,247,845(L)	63.13
12/02/2016	STC International Limited	115(L)	+780,000(L)	HKD 1.316(L)	821,712,845(L)	63.09
12/02/2016	陸小曼	121(L)	+780,000(L)	HKD 1.316(L)	821,712,845(L)	63.09
12/02/2016	Albert Yeung Holdings Limited	115(L)	+780,000(L)	HKD 1.316(L)	821,712,845(L)	63.09
12/02/2016	Emperor International Holdings Limited	115(L)	+780,000(L)	HKD 1.316(L)	821,712,845(L)	63.09
12/02/2016	楊受成	115(L)	+780,000(L)	HKD 1.316(L)	821,712,845(L)	63.09
11/02/2016	楊受成	103(L)	+500,000(L)	HKD 1.330(L)	820,932,845(L)	63.03
11/02/2016	陸小曼	121(L)	+500,000(L)	HKD 1.330(L)	820,932,845(L)	63.03
11/02/2016	STC International Limited	103(L)	+500,000(L)	HKD 1.330(L)	820,932,845(L)	63.03
11/02/2016	Albert Yeung Holdings Limited	103(L)	+500,000(L)	HKD 1.330(L)	820,932,845(L)	63.03
11/02/2016	Emperor International Holdings Limited	103(L)	+500,000(L)	HKD 1.330(L)	820,932,845(L)	63.03

图 3－6　2016 年 2 月英皇娱乐酒店内部人士增持情况

特维迪·布朗　2016年1月21日—2月25日，英皇娱乐酒店的公司内部人士以1.2港元到1.38港元的价格增持公司的股票。如果此时股票的价格比较贵，不符合我们的投资标准，这样的股票可以忽略掉。之前我们在比较金沙中国和英皇娱乐酒店两只股票时就曾说过，英皇娱乐酒店符合我们投资的各项标准，它每股的清算价值在1.6港元左右，高于当前股价。内部人士以1.2港元到1.38港元的价格增持公司的股票又为我们提供了催化剂，这样的股票应该引起我们的高度重视。

门徒　看来内部人士增持的股票确实是寻找便宜货的好地方。那公司回购股票是怎样起到催化剂作用的呢？

公司回购股票

沃伦·巴菲特　一家公司以低于内在价值的价格回购本公司的股票，会增加股东价值，是一件好事。

特维迪·布朗　我们来看下面这个案例。

[案例分析　爪哇控股]

特维迪·布朗　从2015年4月开始，爪哇控股以最低5元多港币的价格一直向上回购公司的股票，公司累计回购了总股本的5%，与此同时公司内部人士也在不断增持公司的股票，这就是提醒我们关注该股票的强烈信号。当时爪哇控股的股价还不到净资产的一半，财务数据也完全符合我们的定量分析标准，股价很便宜。

门徒　如果公司正在回购股票，但是股票本身并不便宜，怎么办？

特维迪·布朗　很多公司也知道回购股票会引起市场的关注，所以也会回购一些本公司股票来吸引市场的关注。寻找价值被低估

日期	类别	回购股数	金额	回购价 最高	回购价 最低	累计回购股数	占已发行股本 (%)
28/04/2016	普通股	528,000	HKD 13,585,200	HKD 26.100	HKD 25.500	34,330,000	4.962
26/04/2016	普通股	352,000	HKD 8,763,000	HKD 25.150	HKD 23.950	33,802,000	4.886
19/04/2016	普通股	444,000	HKD 10,049,600	HKD 23.100	HKD 22.200	33,450,000	4.835
18/04/2016	普通股	100,000	HKD 2,234,800	HKD 22.600	HKD 22.200	33,006,000	4.771
15/04/2016	普通股	188,000	HKD 4,207,800	HKD 22.500	HKD 22.000	32,906,000	4.756
13/04/2016	普通股	12,000	HKD 267,000	HKD 22.250	–	32,718,000	4.729
12/04/2016	普通股	366,000	HKD 8,047,000	HKD 22.200	HKD 21.550	32,706,000	4.727
11/04/2016	普通股	24,000	HKD 517,700	HKD 21.600	HKD 21.550	32,340,000	4.674
07/04/2016	普通股	432,000	HKD 9,338,000	HKD 21.800	HKD 21.300	32,316,000	4.671
05/04/2016	普通股	22,000	HKD 473,700	HKD 21.600	HKD 21.400	31,884,000	4.608
01/04/2016	普通股	68,000	HKD 1,458,600	HKD 21.500	HKD 21.250	31,862,000	4.605
29/03/2016	普通股	82,000	HKD 1,650,700	HKD 20.350	HKD 20.050	31,794,000	4.595
22/01/2016	普通股	590,000	HKD 9,187,320	HKD 15.600	HKD 15.500	31,712,000	4.584
21/01/2016	普通股	142,000	HKD 2,170,120	HKD 15.600	HKD 14.960	31,122,000	4.498
20/01/2016	普通股	770,000	HKD 11,353,200	HKD 15.000	HKD 14.240	30,980,000	4.478
18/01/2016	普通股	316,000	HKD 4,690,360	HKD 15.020	HKD 14.560	30,210,000	4.366
12/01/2016	普通股	350,000	HKD 4,594,080	HKD 13.400	HKD 13.100	29,894,000	4.321
11/01/2016	普通股	314,000	HKD 4,114,120	HKD 13.120	HKD 13.080	29,544,000	4.270
14/12/2015	普通股	478,000	HKD 6,105,560	HKD 12.800	HKD 12.640	29,230,000	4.225
11/12/2015	普通股	520,000	HKD 6,497,520	HKD 12.700	HKD 12.200	28,752,000	4.156
09/12/2015	普通股	92,000	HKD 1,177,600	HKD 12.800	–	28,232,000	4.081
08/12/2015	普通股	408,000	HKD 5,094,000	HKD 12.500	HKD 12.280	28,140,000	4.067
04/12/2015	普通股	348,000	HKD 4,175,920	HKD 12.000	HKD 11.980	27,732,000	4.008
02/12/2015	普通股	480,000	HKD 5,434,760	HKD 11.380	HKD 11.040	27,384,000	3.958
01/12/2015	普通股	830,000	HKD 9,432,280	HKD 11.600	HKD 10.780	26,904,000	3.889
15/10/2015	普通股	58,000	HKD 515,040	HKD 8.880	–	26,074,000	3.769
14/10/2015	普通股	82,000	HKD 730,620	HKD 8.910	–	26,016,000	3.760
12/10/2015	普通股	832,000	HKD 7,312,720	HKD 8.880	HKD 8.630	25,934,000	3.748
08/10/2015	普通股	86,000	HKD 738,600	HKD 8.600	HKD 8.540	25,102,000	3.628
07/10/2015	普通股	186,000	HKD 1,600,020	HKD 8.680	HKD 8.530	25,016,000	3.616
06/10/2015	普通股	106,000	HKD 910,240	HKD 8.630	HKD 8.550	24,830,000	3.589
05/10/2015	普通股	264,000	HKD 2,243,100	HKD 8.500	HKD 8.490	24,724,000	3.574
02/10/2015	普通股	1,960,000	HKD 16,095,380	HKD 8.700	HKD 7.950	24,460,000	3.535
25/09/2015	普通股	140,000	HKD 1,206,180	HKD 8.650	HKD 8.550	22,500,000	3.252
22/09/2015	普通股	32,000	HKD 262,300	HKD 8.200	HKD 8.190	22,360,000	3.232

图 3－7　2015—2016 年爪哇控股回购公司股票情况

的股票才是我们做价值投资的首要目标。催化剂只是起到提醒市场这家公司的股票被低估的作用。没有价值被低估的前提，催化剂没有意义。

门徒　嗯，我明白了。

第二节　持有

仓位控制

门徒　怎样控制每只股票的仓位比例呢?

本杰明·格雷厄姆　从统计上来说，买入的股票数量越多，获利的概率就越高。包含30只股票的投资组合可能是比较理想的最少数目了。

沃尔特·施洛斯　一般来说，一只股票占5%的仓位就可以了，如果确实非常看好，可以增加到10%～12%。一只股票最多可以投入总资金的20%。我买的都是价格低迷的、有问题的公司。我也不敢确定哪个公司就一定能够成功，所以我同时持有100多只股票。

沃伦·巴菲特　沃尔特，你这么分散地投资是在为自己的错误做对冲啊。

沃尔特·施洛斯　我们买的都是二三线公司。我们不知道怎样预测这些公司的盈利，将来说不定什么时候，有些公司会好起来。但是，现在我也不知道哪些会好起来，所以我必须分散投资。这种分散买入风险有限的公司的投资方法比较适合我。

欧文·卡恩　很难找到比沃伦·巴菲特更加成功的投资者，他是集中投资，你可以看看他的交易记录，他投资的正确率非常高。这主要归因于他的聪明才智和投资技巧，但更重要的原因是他的勇气。当我和巴菲特一起为格雷厄姆工作的时候，他持有的一只股票遇到了黑天鹅，坏消息满天飞，股价大跌，他却能坚持自己的观点，继续持有那只股票，这需要非常大的勇气。

查尔斯·布兰帝　我建议一只股票的投资占总资金的5%以内，将特定行业或特定国家的投资仓位限定在总资金的20%以内。这样的建议可以为投资者在构建投资组合时提供较大的弹性，同时又降低了单一公司、行业和国家投资集中度过高的可能性。我们需要有效的分散投资，投资者持有五只不同行业的股票就可以降低投资组合80%的风险，投资者持有10只股票就可以降低投资组合90%的风险。我们不想持有股票过于分散，那样的话，组合的走势就会非常接近指数。一般我们会持有40～72只股票，分布在全世界不同的市场、不同的行业。

特维迪·布朗　投资组合多样化，可以为我们提供一份保险：即使某只股票彻底崩盘，也不至于让自己倾家荡产。一个投资组合至少要有10只股票。只要符合自己的标准，50只甚至100只也没什么不妥。你需要问自己：假如其中一家公司破产，我是否可以轻松摆脱它的影响？

第一次买入

门徒　如果计划买入一只股票占总仓位的5%，第一次买入时会买入这5%的多大比例呢？

沃尔特·施洛斯　首先，我们也不知道股价会跌到多少。我觉得如果真是非常看好的机会，第一次买入时可能最少要投入这只股票计划仓位的 50%。有时候，我觉得最好投入 70%。谁都不知道会怎么样，股票可能一下子就涨起来了。有时候，我们觉得股票不是太便宜，不过是先买一点观察仓位，保持关注，这种情况下，可能只买计划投入仓位的 10%。

买入后股价继续下跌

门徒　即使股价相对于内在价值明显低估，股价还是可能继续下跌呀?

本杰明·格雷厄姆　假设一个内在价值 1 元的股票，股价下跌到 66 分，我们会认为它有投资价值，如果股价继续下跌到 50 分，这时我们也不能认为 66 分时买入这只股票是没有价值的。

沃尔特·施洛斯　即使你买的是被低估的股票，也可能会买得太早，我就是如此，要是股价跌得更低了就继续买入。必须对自己做的事情有信心，必须要独立判断，有勇气坚持到底，市场不看好你的股票不代表你是错的。只有在未来我们才能知道答案。

欧文·卡恩　当我们买入股票以后，股价如果继续下跌，我们会做更多研究。如果我们得出结论，买入决定是对的，只是买得太早了，我们会有勇气买入更多。我们的很多钱都是这样赚的。买入之后，股价下跌，不代表股票的吸引力降低了。

查尔斯·布兰帝　这也是价值投资非常困难，大多数人无法坚持运用价值投资的原因。当买入股票后，股价可能会继续下跌，这会严重影响情绪，甚至导致做出错误的判断，比如低价卖出股票。坚持价值投资需要坚定的信念和强大的意志力。当我们买入股票后，股价继续下跌，我们也会受到很多严厉的批评。我们会解释说，现在股价更便宜了，更加有投资价值了，但大多数人依然会认为我们好笨啊。我们确实也会有判断失误的时候，但大多数情况下我们的判断是对的。当股价下跌，我们会买入更多，最终股价会回归价值，我们这样做赚了很多钱。

持股时间

门徒　一般持股多长时间?

沃尔特·施洛斯　我们的平均持股时间是四年左右。我们买的是有问题的公司，几乎都不会立即好转。

欧文·卡恩　不要被华尔街的人骗了，误以为在股市有可能快速赚钱，期望一两年内就大赚特赚。我们很多股票都持有三、四、五、六、七年，有时甚至持有更长时间。

查尔斯·布兰帝　我们会持有股票一段时间，一般至少会在3~5年左右。

换股

门徒　发现更便宜的股票时会换股吗?

沃尔特·施洛斯　我们是不会换股的。因为要判断不同行业公司的相对价值非常困难，很难得出一个具体的数字。另外，我们买的股票都需要几年的时间才能达到预期，不会一买就涨。一只股票一步步渐入佳境，我们也会渐渐熟悉这只股票。要是因为相对价值换股，在新买入的股票上又要再等三年。

第三节　卖出

卖出时机

门徒　什么时候卖出股票呢？

本杰明·格雷厄姆　我们会在股价上涨 50% ~100% 时，陆续卖出股票。

沃尔特·施洛斯　卖出是最难的，我经常过早卖出股票，这样的事情我遇到过很多次。卖东西的时候，总得让别人有利可图，这样别人才会买。如果你非要等到股价高估了，就有风险了。这时候，可能没人愿意买了，股价可能再次下跌。在买入一只股票时，要大概设定一个卖出价位，如果股价达到了你认为合理的价格，就可以卖出。一只 50 元买的股票，上涨到 100 元了，就比较脆弱了，我就会卖出，但我会分批卖出，我可能会 85 元卖出一部分。如果股价从 50 元涨到 100 元，你没卖，又跌了回来，你会很沮丧，因为你没有利用好市场波动，所以一般我会在上涨过程中卖出。但是许多时候只是因为股票涨了 50%，人们就说要卖掉股票，锁定利润。其实卖出之前，要重新对公司估值，比较股价和净资产，股价是否达到前一个高点？还要注意股市的整体估值水平：是不是股息收益率低，市盈率高，股市是否处于历史高位，人们是否非常乐观？我们的平均持股时间是四年。如果一只股票你持有了五年，情况日渐好转，我们的卖出价可能随之改变。

欧文·卡恩　当一只股票出现暂时性问题时，我们利用这样的机会低价买入，好的买入本身就意味着卖出一半了。所以，我们很少有卖出方面的问题。

查尔斯·布兰帝　我们会等到股价达到我们评估的公司内在价值时卖出股票，然后去寻找其他便宜货。我们不会考虑大盘的位置。我们一般会持有股票 3 ~5 年，这期间股票的内在价值会提高或降低。我们也会根据内在价值的变化不断修改卖出价。

特维迪·布朗　大批公司内部人士同时抛售股票就是一个明显的卖出信号：他们认为当前公司股价过高，他们正趁着当前形势还不错的时候逃走。

卖出股票后的操作

门徒　卖出股票以后，需要怎样操作呢？

本杰明·格雷厄姆　卖出股票后，应该根据市场环境随机应变。如果当时市场整体市盈率很低，被低估的股票很多，就应该好好抓住这样的机会，用卖出股票的钱继续买入其他被低估的股票；如果当时市场整体价格过高，很难找到符合条件的股票进行再投资，就将卖出股票的钱暂时存放在比如债券里，耐心等待好的投资机会。

欧文·卡恩　你必须很有耐心，不必一直满仓操作，很多时候你所需要做的就是什么都不做。股票市场很贵时，不要做任何投资，保持谨慎，坚持住你的投资标准。

沃尔特·施洛斯　我比较喜欢将100%的资金投资于股票，资金不脱离股市，这样做让我感到心安。在股票市场既不便宜，也不算贵，市场价格在合理范围，向下风险比较高时，我会把钱投在生意稳定的股票上，这种股票向下风险有限，我持有这样的股票会比较放心。如果股市崩盘了，我可以把它卖掉，买入大幅下跌的股票。

第四章

投资方法

第一节　债券和优先股

债券

本杰明·格雷厄姆　债券和优先股的最低“保障倍数”有如下建议，如表 4－1 所示。

表 4－1　债券和优先股的最低“保障倍数”

行业	税前利润		税后利润	
	过去 7 年平均	最差年份	过去 7 年平均	最差年份
公共事业	4 倍	3 倍	2.65 倍	2.10 倍
铁路	5 倍	4 倍	3.20 倍	2.65 倍
工业	7 倍	5 倍	4.30 倍	3.20 倍
零售	5 倍	4 倍	3.20 倍	2.65 倍

资料来源：本杰明·格雷厄姆．聪明的投资人（第 4 版）［M］．北京：中国邮电出版社，2010.

沃尔特·施洛斯　通货膨胀会影响所有债券，投资债券最多只能收回本金再得到一些利息。很少有人是因为持有债券赚大钱的。而通过股票你可以做到，只要你的方法正确，就会很成功。我还是更愿意持有股票，因为股票具有成长性。我觉得股票适合年轻人，建议你们关注股票，而不是债券，债券是给老年人准备的。

查尔斯·布兰帝　政府、金融业中的零和游戏、债券都不能够创造新的财富。债券只能够帮助公司创造新的财富，债券本身并不能够创造新的财富。我们希望将钱长期投放在这样的公司上，这些公司能够通过提高效率、改进生产技术等方式来创造新的财富。

优先股

本杰明·格雷厄姆　优先股虽然从名字上看像是一种股票，但优先股不能够像股票那样分享公司的利润和成长。其实优先股更像是债券，可以收取固定的利息，但是与债券相比，当公司破产清算时，清算财产会优先偿付债权人，优先股的求偿权必须排在债权人之后。所以优先股无论与股票还是债券相比，都没有优势。

第二节　简易策略

基于整体经济扩张的投资方法（指数基金）

本杰明·格雷厄姆　以合理的价格购买一组精心挑选的、多样化股票组合，这是一种可靠的投资策略。

这个策略成立的前提是，所投资国家的财富和盈利能力将会增长，这种增长将会体现在重要公司的资产和利润的增长上，这种增长主要是通过新增资本投资和未分配利润再投资实现的。

沃伦·巴菲特　大部分投资者，包括机构投资者和个人投资者，早晚会发现，投资股票最好的方法就是购买管理费很低的指数基金，事实上你买入一只指数基金就相当于同时买入了美国所有的行业。20世纪美国经济增长了128倍，道琼斯工业指数从66点上升到11497点，上涨了173倍。

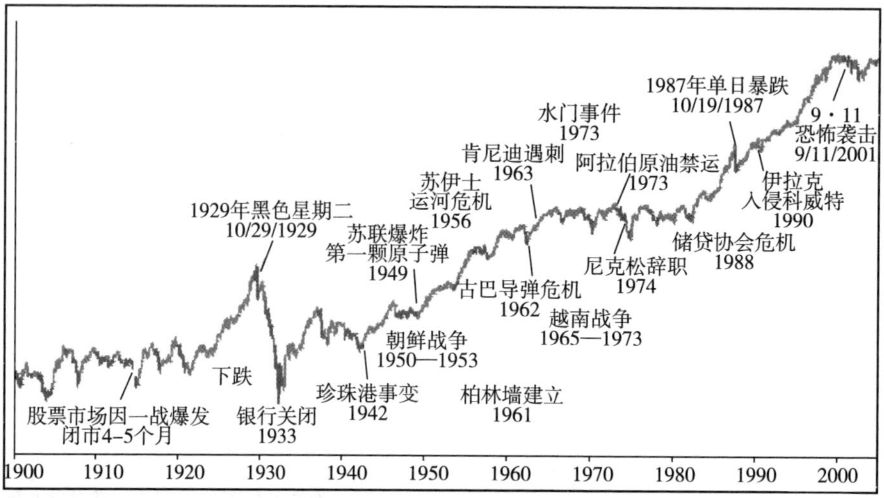

图 4－1　1900—2004 年道琼斯指数历史走势

从 1990 年到 2016 年，上证指数从 96 点上涨到了 3000 点，如图 4－2所示。

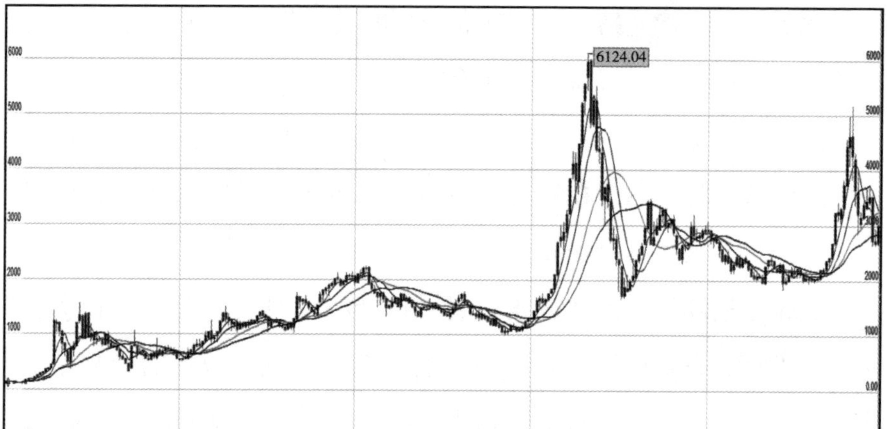

图 4－2　1990—2016 年上证指数历史走势

从 1964 年到 2016 年，恒生指数从 100 点上涨到 21000 点，如图 4－3所示。

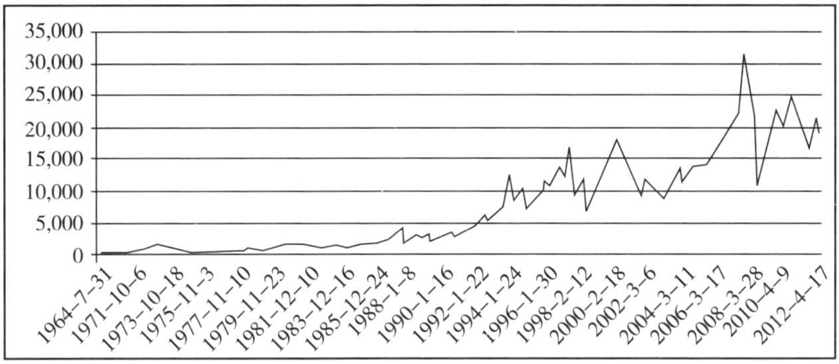

图 4－3　1964—2012 年恒生指数历史走势

美元成本平均法

本杰明·格雷厄姆　不管市场涨跌，每月定期买入优质股或低成本的指数基金，这种方法是很有说服力的，这种方案被称为“美元成本平均法”（也叫作“定期定额策略”）。

沃伦·巴菲特　如果你坚持长期定期买入指数基金，你可能不会买在最低点，但你同样也不会买在最高点。通过定期投资指数基金，一个什么都不懂的业余投资者往往能够战胜大部分投资专家。

第三节　股债平衡

50%—50%股债平衡

本杰明·格雷厄姆　这种仓位控制的策略是一直保持股票和债券仓位各占50%。如果股价上涨使股票仓位的比例提高到55%，我们就应该卖出一部分股票，并将卖出股票所得的资金投入债券，以使股票和债券仓位一直保持平衡。反之，如果股价下跌使股票仓位下降到45%，我们应该卖出一部分债券，并将卖出债券所得的资金买入股票。总之，要保持股票和债券仓位相等。

这样的操作非常简单，而且操作方向肯定是正确的，它使投资者感到，自己至少在对市场变化做出某种反应。最重要的是，它可以避免投资者在股票市场日益走高至危险的程度时，仍不断加大自己的股票投资。

这种策略操作并不复杂，其难点在于，接受它并能坚持下来。另外在股市大涨时，不要在乎自己股票仓位只有50%，而显得太保守。

25%—75% 股债平衡

本杰明·格雷厄姆　我们建议投资者投资于股票的资金，不能少于其总资金的 25%，且不得高于 75%；与此相应，其债券投资的比例则应在 75% 和 25% 之间。在股票和债券两种投资手段之间调整比例。在熊市，股市出现大量便宜股票时增加股票仓位的比重。反之，当市场价格上升到危险高度时，则应将股票投资的比例减至 50% 以下。

第四节　基于个股成长选股

本杰明·格雷厄姆　成长性公司可以定义为“盈利呈周期性循环上升的公司”。

一只股票需要多少个成长周期才能被定义为成长股呢？一只成长股一般要经过初创、兴盛、成熟、衰落几个阶段。所以一家有着长期收益增长记录的公司，很可能意味着该公司已经接近由盛转衰的转折点了。成长股投资者面临两难的选择，不仅需要数据定量分析，还必须进行大量的市场调查和商业判断。成功地找到成长股并不是不可能，但肯定不容易，而且犯错误的概率非常高。

即使我们确定无疑地知道一个公司的收益会增长，也很难判断当前股价是否已经包含了市场对这家公司未来收益增长的预期。如果不计价格买入这样的成长股，会承担很高的风险。

如果投资者能够满足下面两个条件：

（1）对影响未来的要素已经做过非常仔细的研究，同时保持适当的怀疑态度。

（2）支付的价格不能与一名老练的商人收购这样公司时所愿意付出的金额相差太大。这样的股票如果能以净资产的价格买到，甚至是两倍于净资产的价格买到，都是很好的投资机会。第二个标准将提供一个有益的试金石。

则我们认为这种判断如果成功，投资者将获利最多。

欧文·卡恩　市场总是愿意为有美好前景的成长股付出溢价。一家公司如果有很好的成长性，市场很容易知道。我们很难确定这些成长股的股价中到底已经包含了多少人们对公司美好未来所付出的溢价。我们想让资本增值，而且是在承担很低风险的情况下增值。我们不愿意为这些成长股的美好前景付出太多溢价，也不在乎买入股票的收益是否成长，况且并不是非要买成长股才能够实现资本增值。我们更喜欢那些当前没人愿意要的公司，折价买入非成长股可以非常安全地让你的资本增值。

查尔斯·布兰帝　不能简单地将股票分为价值股和成长股。价值投资不只是关注那些夕阳行业中的落伍公司。过去几十年，我们在成长型行业中也发现了很多价值被低估的公司。

特维迪·布朗　之前聊安全边际时我曾说过，当我们以 66 分买入内在价值 1 元的股票时，如果我们的估值是正确的，即使股价上涨 50%，也不会高估；如果股市大跌，我们也不会紧张，因为我们的买入价比公司的内在价值低很多。另外，安全边际不只是投资安全的保障，同时也是价值投资者创造财富的秘密。有了足够的安全边际，我们不仅可以赚公司价值增长的钱，还可以赚股票价值回归的钱。我们来看一个案例。

[案例分析　长城汽车 H 股]

图 4 –4　2004—2015 年长城汽车 H 股价走势

表 4 –2　长城汽车 H 历史数据

项目	2003 – 12 –31	2004 – 12 –31	2005 – 12 –31	2006 – 12 –31	2007 – 12 –31	2008 – 12 –31	2009 – 12 –31	2010 – 12 –31	2011 – 12 –31	2012 – 12 –31	2013 – 12 –31	2014 – 12 –31	2015 – 12 –31
净利润（亿元人民币）	5.2	4.0	4.4	7.0	9.3	5.1	10.2	27	34	57	82	80	80
净资产收益率（ROE）	32%	14%	13%	18%	18%	7.8%	14%	31%	26%	30%	33%	26%	22%
市净率（PB）最大值	11.1	3.1	1.1	2.1	3.2	1.8	1.4	3.4	3.3	3.2	4.7	3.7	4
市净率（PB）最小值	3.0	0.6	0.5	0.7	1.6	0.19	0.3	1.2	1.3	1.6	2.7	2.2	1.2
市销率（P/S）				1.5	2.1	0.3	1.1	1.4	1.0	1.7	2.0	1.9	1.0

长城汽车 H，从 2008 年到 2015 年最高点股价，上涨了 100 倍以上。2008 年以前，长城汽车的净资产收益率一直在 13% 以上，2008 年净资产收益率下降到 7%。粗略估算，即使未来净资产收益率按 7% 计算，公司的正常价值也应该至少值 1 PB 以上，更何况公司过去净资产收益率一直都比较高。由于 2008 年金融危机，市场信心崩溃，长城

汽车 H 的股价最低被砸到 0.19 PB。可以这样说，股价从 0.19 PB 到 1 PB 这 5 倍的上涨过程，就是股价从过度低估回归到正常的过程，即使收益不增长，股价也可以回归到这个价位。这之后的股价上涨，才是这些年长城汽车收益增长 16 倍和市场热情共同起的作用。如果没有 2008 年的严重打压，2008 年的市净率如果是 1 PB，那么股价后来的涨幅也就只有其收益增长的 16 倍，外加市场热情的一点儿溢价。

很多未来股价上涨几十倍的公司，不一定出自四平八稳的成长股中，而是出自困境反转股。很多股票几十倍的上涨是**股价严重低估**、**收益上涨**和**市场热情**共同作用的结果。

价值投资者很可能也会买入过早，2008 年，在股价还在 0.7 PB 时就买入了股票，并承受着从 0.7 PB 到 0.19 PB 下跌过程中的痛苦，而在股价上涨一倍以后就卖出了，没有享受到长城汽车 H 后来收益成长的过程。但是，这部分价值回归的钱，是最安全的，即使收益不增长，这部分钱也能够轻松赚到。

这样的成长股如果能以 1 PB 甚至是 2 PB 的价格买到，都将是很好的投资。但是，很多人喜欢为这样的成长股付出 5 倍甚至 10 倍 PB 的价格。假设 2008 年长城汽车 H 的股价是 5 倍 PB 或 10 倍 PB，即使 2008 年以后收益同样高速增长，投资者的回报也会大幅降低，而且还必须承受如果收益不及预期、股价大幅下跌的风险。如果你以 5 PB 甚至 10 PB 的价格买入长城汽车 H 的股票，股价下跌到 0.19 PB，基本上就是不可挽回的永久性损失。

第五节　基于安全边际选股

本杰明·格雷厄姆　我们来谈谈建立在安全边际原则基础上的投资方法。如果我们确信股票的价格相对于内在价值有足够的安全边际，并且对该公司未来的前景表示乐观，就可以买一组这样的股票，组成一个价值股投资组合。

利用市场整体周期性波动的方法

本杰明·格雷厄姆　这种方法一般只在股票市场低迷时才能使用，使用方法如下。

（1）筛选出一个多样化的龙头股名单，如那些在“道琼斯工业指数”中出现的股票。

（2）我们可以通过两个步骤粗略地确定这组股票的“正常价值”，先用公司 7 ~ 10 年的数据来计算出平均收益，再用长期最高等级债券的收益率当作股票正常价值的盈利率，这个盈利率的倒数就是我们要找的市盈率。用平均收益乘以市盈率就是我们粗略确定的“正常价值”。

（3）确定正常价值后，当股价远低于正常价值，如2/3时，按照名单购买，组成一个投资组合。

（4）在股价远超出正常价值时出售这些股票，如股价高于正常价值1/3。

这种方法可以帮助我们做到在市场低迷时买入股票，在人人都买入股票时择机卖出获利。

同时，这种方法需要投资者有足够的耐心、勇气和意志力。因为投资者必须耐心等待几年出现一次的买入机会，有勇气与市场大众做相反的操作，并忍耐买入后股价继续下跌、卖出后股价继续上涨的痛苦。我们相信，如果能够坚持下去，必将获得令人满意的投资回报。

投资个别价值低估证券的方法

本杰明·格雷厄姆　这种方法即使在股票市场不是特别低迷时也可以使用。

（1）期望寻找一只从定性方面和定量方面都非常令人满意的成长股，并且要求股价也比较便宜，这种情况是非常罕见的。正是因为市场过于强调未来成长性因素，所以有一些行业地位稳固、久负盛名、资金充足的公司，因为没有成长性，经常受到市场的歧视，尤其是当公司的收益低于正常年份时，他们的售价会大大低于私人业主价值，这样就为理性的投资者创造了投资机会。

（2）在冷门股中寻找机会，对于小盘冷门股的投资机会可以分为两类。

一是股票平均收益相对于市场价格较高。

二是股票有着合理的令人满意的收益，股价相对于流动资产价值较低。

什么是私人业主价值

本杰明·格雷厄姆　注意，我们在做估值时，已经在应用私人业主的价值检验标准来证明成长股和价值股投资的合理性了。

（1）以不高于一个老练的商人购买这家公司愿意支付的价格购买前景特别光明的公司。（成长股）

（2）以远低于一个老练的商人购买这家公司愿意支付的价格购买拥有良好的记录，但前景一般的公司。（价值股）

是否符合私人业主价值的检验标准是买入**成长股**和**价值股**共同的试金石。

第六节　套利

本杰明·格雷厄姆　首先看一下套利公式：

预期年化收益率 = ［GC－L（1－C）］/YP

C 是盈利概率（在 0～1 的范围）

G 是盈利时的收益

L 是亏损时的损失

Y 是预计持股年数

P 是股票当前价格

并购套利必须基于两项条件：

（1）年化回报率 20% 或以上；

（2）根据我们的判断，事成的概率至少达 80%。

如果以风险分散化为基础从事此类业务，可以获得 20% 以上年化收益率的话，那将是非常有价值的业务。

所宣布的并购交易中，有很多最终都没有达成交易。当然，在这些情况下，有可能出现较严重的亏损。并购失败的原因有很多，其中包括反托拉斯干预、股东的反对、市场条件的改变，进一步研究后得出不利的结论、无法在细节上达成一致等。我们需要依靠经验挑选那些最有可能成功的交易，并且交易失败后损失最小的项目。

沃伦·巴菲特　尽管我们没有做过精确计算，但我相信我们每年从套利中获得的平均收益率至少达到了25%。我们来看一个案例。

[案例分析　Arcata]

Arcata公司有10700公顷的红木树林被政府征用，正在和政府谈补偿金额。1981年，Arcata董事会同意将公司卖给KKR公司，KKR决定支付Arcata每股37美元再加上政府补偿金的三分之二，作为购并的条件。我们以每股33.5美元买进Arcata股票，这几乎是一笔无风险套利。

价值回归路径一：KKR收购成功，我们每股得到37美元，外加政府补偿金的三分之二。(正常假设)

价值回归路径二：Arcata的董事会与管理层已经在外兜售好一段时间了，显示该公司确实有决心要出售。如果KKR跑掉，Arcata一定还会再找新的买主，当然届时的价格可能会差一点。(最坏假设)

最终最坏的假设发生，Arcata接受了另一家集团37.5美元外加红木树林一半政府补偿金的报价，我们每股得到了37.5美元，外加每股29.48美元的“大红包”。

沃尔特·施洛斯　这个公式非常有用，它不仅可以用在套利上，也可以用在股票交易上。

[案例分析　六福集团]

沃尔特·施洛斯　举一个六福集团的案例。2015 年六福集团股价从 30 港元一路下跌到 15 港元。这个公式的好处是你可以自己选择参数，你可以自己做出判断。在这个例子中，我觉得六福集团值 24 港元，现在价格 15 港元，能赚 9 港元。成功率是多少呢？我觉得上涨到 24 港元的概率是 75%。失败可能下跌 4 港元，估计要持有 2 年。最后计算出年化收益率是 19.1%。具体过程如下所示。

预期年化收益率 = [GC − L (1 − C)] /YP

C = 75%，G = 9，L = 4，Y = 2，P = 15

预期年化收益率 = [9 × 75% − 4 × (1 − 75%)] / (2 × 15) = 19.1%

第七节　对冲

本杰明·格雷厄姆　我们仅仅列出经验丰富的对冲者在进行此类操作时所考虑的因素。

（1）借到用于卖空的股票，以及拥有无限期维持空头仓位的能力。

（2）建立仓位的初始成本，包括价差和佣金。

（3）维持投资头寸的成本，包括借入资金购买股票形成的利息费用，借入股票需要支付的股息，借入股票的应付溢价，以及与再借入股票有关的印花税，减去持有证券的应收股息或利息以及借出股票的应收利息。

（4）如果机会出现，交易结束所能带来的收益金额；最大收益与最大损失之间的关系，以及可能的损失，包括第二项和第三项。

对冲的过渡形式包括购买可转换债券或优先股的同时，出售作为转换目标的普通股。交易头寸要接近于平价水平，即如果债券或优先股确实转换成股票，该业务结束时的亏损额并不算大。但是，如果普通股的下降幅度大大高于债券或优先股，并且按市场价对头寸平仓，那么就会产生一笔利润。

理想的对冲形式需要满足以下两项要求：

（1）优先证券必须稳健，即使普通股价格急速下跌，其仍能保持在接近平价的水平。期限较短的优质可转换债券是符合这类要求的最佳类型。

（2）普通股的投机收益很大，因此价格波动剧烈。

沃尔特·施洛斯　我总觉得这样做对冲操作占用太多资金了。

查尔斯·布兰帝　我们从来不做对冲保护，无论是股票还是汇率。

第八节　可转换债券

本杰明·格雷厄姆　可转换债券是债券的一种，可以转换为本公司的股票。

投资原则：售价接近或高于面值的可转换债券，必须满足纯粹的债券投资要求或普通股投资要求的其中一种才能够投资。两个条件之间不可以有中间地带。

考察要素：

(1) **公司前景；**

(2) **每一美元投资所能获得的利润范围；**

(3) **转股成本与股票价格相差不大（转股溢价率低）；**

(4) **特权期限**。

操作原则：通过将普通股转变成同一公司的可转换债券，普通股的投资者并不会有损失，但却具有了更大的获利优势。

[案例分析 中行转债]

2014 年 7—10 月，113001 中行转债的转股溢价率低于 2%。如果你认为此时的中国银行股票可以满足普通股的投资要求，则这段时间买入中行转债要比买中国银行普通股具有更大的优势。

本杰明·格雷厄姆　永远不要把可转换债券转换成普通股持有。因为一旦进行了转换，就丧失了可转债既可以获取债券利息又可以获取股票利润的客观优势。这有可能使你从投资者转变成为投机者，而且这时常发生在不利情况下（因为股价已经经历了大幅上涨）。

在有利的情况下，卖出可转债时不要有太高的溢价。比如，100 美元买入的可转债可以 125 美元卖出，并用另一只可以平价买到的优质可转债代替。

可转换证券对普通股地位的影响：随着新的可转债的不断增加，普通股当期和未来的利润实际上会被稀释。

第九节 认股权证

本杰明·格雷厄姆 认股权证是一种可转让的、可在较长一段时间内购买股票的权利。

怎样进行认股权证投机

认股权证只有通过公司盈利增长才能获取切实的价值，因此我们更应该看重公司盈利的变化前景，而不是公司盈利的稳定性。

投机型资本结构的公司的普通股价格大幅上升的概率最大。因此可以说，这类普通股的认股权证拥有特殊的投机性优势。我们认为，很难断言某一特定行业的长期发展前景比平均水平好很多，从而使得与之关联的认股权证比其他认股权证更具有吸引力。

从技术层面来看，仅当认股权证同时具备低价格、期限长、股票的认购价格与市价相差不大等要素时，它才具备投机的吸引力。

认股权证是摊薄普通股价值的危险工具（注意，这里指的是公司自己发行的认股权证）。

普通股的价值 + 认股权证的价值 = 普通股自身的价值。即没有认股权证的价值。与没有权证的公司相比，权证的存在会使得普通股的价值下降。

极端情况

当价格处于历史最低水平时，购买认股权证。这种业务的盈利要大大高于亏损，而且最终盈利的概率要大大高于最终亏损的概率。如果这样的话，即使这种没有吸引力的证券也具有了安全性。

[案例分析　民行东亚八乙购 A]

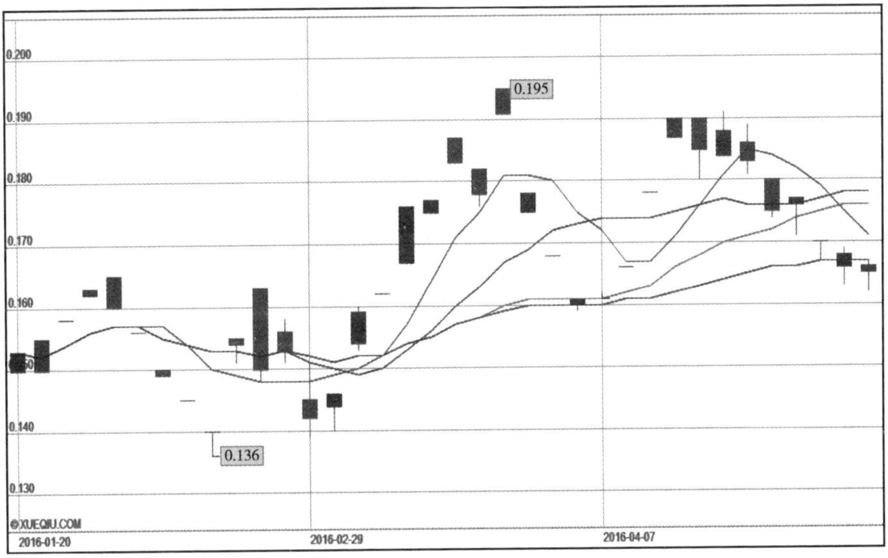

图 4－5　2016 年民行东亚八乙购 A 价格走势

2016 年 2 月，随着民生银行 H 股价下跌到 6.13 港元，民生银行 H 的市净率达到了历史最低水平。民行东亚八乙购 A 认股权证价格下跌至最低 0.136 港元。民行东亚八乙购 A 认股权证是可以在 2018 年 12 月 10 日之前以 6.5 港元认购民生银行 H 的权利，该认股权证价格最低时杠杆达到4倍。这些机构都是选择历史股价波幅比较小的公司发行认股权证，很难找到投机型资本结构的公司的认股权证。民行东亚八乙购A认股权证杠杆足够高，期限有三年，认购股票价格6.5港元离股价6.13港元也不远，民生银行H的估值在历史低位。如果你看好民生银行未来几年的盈利前景，可以买入民行东亚八乙购A这样的认股权证，相当于为你的投资加了免费杠杆。

2016年3月，民生银行H从6.13港元上涨到7.46港元，股价上涨了21%；民行东亚八乙购A认股权证的价格从0.136港元上涨到0.195港元，认股权证价格上涨了43%。杠杆作用增加了认股权证价格的波动幅度，买入认股权证必须忍受价格大幅波动的痛苦。

第五章

答疑

第一节　投资和投机的区别

问题 1. 投资和投机的区别是什么?

门徒　一个是普通话，一个是广东话嘛。

本杰明・格雷厄姆　投资行为是通过**透彻的分析，保障本金安全并获得令人满意的回报**。凡是不符合上述三个要求的操作即属于投机行为。

投资活动和投机活动都必须经受未来的检验，它们需要经历未来的诸多变化，等待最终事实的判断。对于投资而言，首先要防范未来可能的风险，而不是依靠预测未来牟利。如果未来能带来改善，这当然更好；但投资不应建立在对未来的预测上。而投机则可能总是建立在对未来预测的基础上。

股票投机主要就是这样一种活动，即 A 想要弄清楚 B、C 和 D 可能会怎么想，而 B、C 和 D 也是在做同样的事情。

问题 2. 相对于看 K 线图炒股，价值投资有什么优势呢？

本杰明·格雷厄姆　看股价历史 K 线炒股，就如同赛马爱好者痴迷通过研究赛马的历史表现来赌马，实际结果则往往事与愿违。

价值投资可以通过坚持安全边际的原则，即使判断错误，交易结果仍然可以是令人满意的。而通过看 K 线炒股，没有安全边际的保护，是非对即错的游戏。如果你判断错误，就一定会赔钱。

几乎所有技术分析都采用这样的原则：根据市场上涨而买入，同时根据市场下跌而卖出。这种方法是与正常的合乎逻辑的商业思维背道而驰的，所以很难在股市取得成功。

问题 3. 有可能通过各种经济因素进行市场分析吗？

本杰明·格雷厄姆　根据各种经济因素进行市场分析并不是真正的科学，因为它没有任何令人信服的依据。另外，在经济领域也并不存在真正可靠的预测方法。

沃尔特·施洛斯　我买股票只看股票值多少钱，不考虑经济会怎么样？没人知道经济是否会衰退，我相信政府官员不希望经济衰退，经济衰退对他们没好处，他们会想办法解决的。

问题 4. 基于股票近期前景的预期进行投资可行吗？

本杰明·格雷厄姆　我们跟踪这个问题有几十年了，我必须坦率地说，你通过掷硬币的方式预测和听从华尔街专家的预测结果差不多。为什么呢？我的解释是，华尔街每个人都很聪明。无论他们已经知道什么，都已经很大程度反映在股价上了，而股票的未来走势是由他们不知道的事情决定的。

许多情况下，股票当前的价格已经体现了市场对该公司前景的预期，有时甚至大大超出了股票实际的收益情况。通过预测股票近期前景进行投资会造成两种危害，首先，有关下一年收益的预测可能是错误的；其次，即使预测准确，股票当前价格有可能已经体现了市场对该公司的预期，甚至可能已经过度体现。

问题5. 买入创业项目新股票可行吗？

本杰明·格雷厄姆　新发行上市的股票，市场价格有相对较高的倾向。买入创业项目的新股，是我们要坚决反对的。

查尔斯·布兰帝　新上市的公司没有足够长的历史数据用来做定量分析，而且新上市的公司价钱大都不便宜，我们都不会考虑。只有极少数刚上市的公司，价格足够便宜，但这种情况极少见。

问题6. 有可能预测市场走势吗？

沃尔特·施洛斯　有人问我："你觉得市场接下来会怎么走？"我总是说："不清楚，我也不知道。"

问题7. 高价买入成长股可行吗？

本杰明·格雷厄姆　我们认为，高价购买成长股也属于投机行为。在这一点上，我们的看法与大多数权威观点不同。

查尔斯·布兰帝　大部分投机者都自认为是成长型投资者，而我发现这群人的投资失败率很高。成长股收益不及预期下跌时，代表市场情绪的市盈率也会降低，这样就对股价造成"双杀"；价值股本身留有安全边际，市场对价值股的收益期望值比较低，市盈率本来就很低，当价值股的收益不及预期时，价值股的波动幅度不会像成长股那样大。

特维迪·布朗　人们往往喜欢追求热门成长股，希望拥有一只高速成长股并无过错，但最重要的是出价。这些热门成长股由于受市场追捧，价格往往很贵。而任何公司都不可能实现永续增长，当成长股停下脚步时，投资者便会大受其害。当一只股价没被高估的股票下跌时，因为物有所值，所以根本不用担心，股价早晚会重新回归价值；但是，当被高估的热门成长股的股价崩盘以后，就会形成永久性损失，历史告诉我们，它们重新涨回之前的高价几乎是不可能的。

第二节 低价股的算术优势

问题 1. 什么是低价股的算术优势?

本杰明·格雷厄姆 低价普通股似乎本身就具有算术优势。在股市中，股价从 10 美元涨至 40 美元，要比从 100 美元涨到 400 美元容易得多。

结论：

（1）低价股蕴含的机会要远大于高价股。

（2）预期收益相同的情况下，应该购买价格最低的股票。

问题 2. 什么是假低价股?

本杰明·格雷厄姆 假低价股的股价只是看上去很低，实际上是股票相对于公司规模来说发行量过大造成的。

假如，总市值 30 亿元人民币的公司，发行的普通股总股数是 1 亿股，则每股股价就是 30 元。如果这家公司发行的普通股总股数是 10 亿股，则每股股价就变成了 3 元。公司的总市值就好像一整张比萨——切成四块，每股股价就高；切成八块，每股股价就低。

所以当一家公司的每股股价是 30 元，另一家公司的每股股价是 3 元时，我们是无法判断哪家公司更加便宜的。我们必须要知道股价背后对应着多少资产和收益。

第三节　好股票和好投资

问题 1. 好股票就是好投资吗？

本杰明·格雷厄姆　过分强调选择好公司的投资理念，很容易会误导人们为了追求好股票而花费过高的价格，最终造成亏损。希望选择规模较大、管理良好、信誉度高、未来预期业绩可靠的公司，这是很正常的想法。但这些预期，尽管听起来理由充分，却往往不能实现。许多曾经叱咤风云的公司，今天都已是日薄西山。这样的故事，在股市中不断上演，明天还会重演。

因为龙头股的股价很少被低估，所以我们应当等待股市整体低迷时买入龙头股。除非遇到牛市顶点，几乎任何时间，成千上万的二三流公司当中，都会提供一定的投资机会，这为聪明的投资者们提供了一个广阔的施展才华的领域。

查尔斯·布兰帝　好股票不等于好投资。只有当这家公司的购买价格对投资者有利时，才算是一项优质的投资。

[案例分析　中国石油]

图 5－1　2007—2015 年中国石油的股价走势

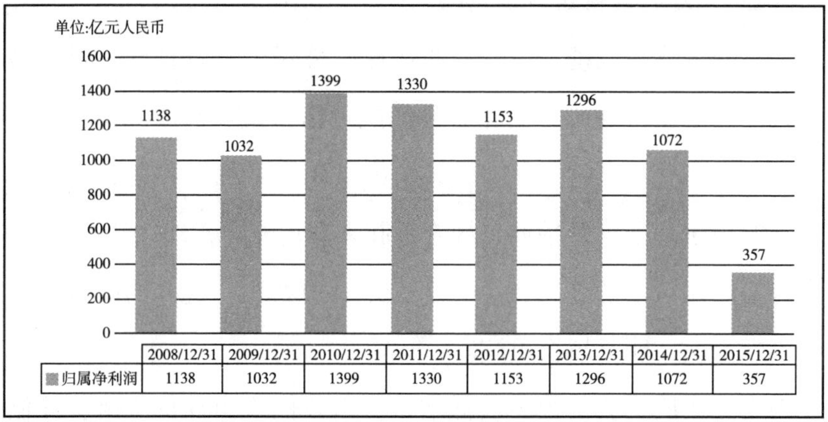

图 5－2　2008—2015 年中国石油的归属净利润

中国石油是中国最赚钱的公司之一，绝对算是一家好公司。2007 年中国石油在 A 股上市时，股价上涨到最高 48 元，以总股数 1830 亿股计算，总市值达到了 8 万亿元以上。2007 年中国石油的净资产只有 6774 亿元，归属母公司净利润有 1346 亿元。按照市值 8 万亿元计算，相当于花 10 元只买到了不足 1 元的资产，盈利率只有 1.6%。除了

2015年，2007年之后每一年中石油都能为股东赚1000亿元以上，虽然依然是很赚钱，但是收益根本无法满足市场的超高预期，之后很多年股价一路下跌，最低跌到7元左右。即使在2015年的大牛市中，中国石油的股价也只上涨到15元，离当年的最高价48元相差很远。没有收益和资产支撑的泡沫被戳破了，就很难再被吹起来。所以说，好股票不等于好投资。

问题2. 什么样的公司算是好公司？

本杰明·格雷厄姆　所谓“好”的股票要具备以下两点。

（1）行业内领先的公司，具有令人满意的盈利，这些股票的组合可以在未来带来好的收益；

（2）资金雄厚的公司，普遍认为其未来收益成长前景较好。

优点：比起二三流的公司来说，领先公司对于经济萧条的抵御能力更强，其恢复盈利的能力也更强。

缺点：这种典型的规模大、发展前景好的公司会受到以下两方面的限制。

第一，其本身的规模会阻碍其进一步的增长（收益递减法则）；

第二，投资的高回报率容易受到来自新加入竞争和监管的冲击。

另外，规模较小或不受欢迎的公司股票，要比受市场欢迎的公司股票更容易被低估。

龙头股具有无常性，市场上的龙头公司是不断发生变化的。

查尔斯·布兰帝　如果公司根基稳固，收益水平很高，同时有良好的收益记录，那么这家公司看上去就是一家优质的公司。

问题 3. 二三流的公司也可以作为投资对象吗？

本杰明·格雷厄姆　当龙头股很便宜的时候，那些二三流的普通股很可能更加便宜。投资者以保守估值 50% 的价格购买龙头股，或是以保守估值 25% 的价格购买二三流公司的股票，都是可以的，这完全取决于个人喜好。只要价格足够低，一只质量等级一般的股票，也可以是一个稳健的投资机会。

介于萧条与繁荣的中间时期，当股市整体价格没有明显过低或过高的时候，二三流的公司更容易出现投资机会。

这种机会一般分为两类：（1）股票的平均收益相对于股票价格较高；（2）股票有令人满意的收益，且股价相对于流动资产价值较低。

小规模公司的主要缺点是：抗风险的能力没有大规模公司强，出现收益永久性损失的概率比大规模公司要高。优点是：成功的小规模公司可以实现比大规模公司更加显著的成长。

大多数人通过对公司未来发展前景的判断，试图找出类似菲利普·莫里斯公司这样的潜在成长股，甚至不惜高价购买这样的股票，而不是在前景普通的股票中寻找廉价股投资机会。实战经验使我们更青睐在前景普通的股票中寻找廉价股的投资方式。只要我们在推测未来时保持谨慎的态度，并在市场整体高估时适度离场，这种在前景普通的股票中寻找廉价股的投资方式取得成功的概率往往更大。

问题 4. 你愿意以合理的价格买入好公司，还是愿意以超低的价格买入一般的公司？

沃尔特·施洛斯　我不愿意以合理的价格买入好公司。我不是不愿意买入好公司，我只是希望以便宜的价格买。有时候市场非常恐慌，你可以以不错的价格买到好公司。我们大家都知道沃伦·巴菲特，但是如果你见过本杰明·格雷厄姆，了解了格雷厄姆的思考方式，就会发现他的想法非常有道理。

欧文·卡恩　我们不能够批评沃伦·巴菲特的投资方法，它的方法也很成功。但是沃伦的投资方式和我们的投资方式不一样，我们的投资方式和沃尔特·施洛斯的投资方式一样——我们都是本杰明．格雷厄姆的门徒。

查尔斯·布兰帝　巴菲特提出以合理的价格买入拥有护城河的好公司，并长期持有。我不认为必须拥有预测未来几十年的能力，才能够做好投资。预测的时限越长，目标的偏离就会越大。另外，我不相信存在永续成长的公司，即使是可口可乐也不可能永续成长。

问题 5. 对于具备专业水平和不具备专业水平的证券投资者，您分别有怎样的投资建议？

本杰明·格雷厄姆　对于专业的证券投资者，只要价格足够便宜，任何证券都可以作为投资对象。不具备专业水平的证券投资者，无论如何，都不要将资金投在一个二三流的公司里。

第四节　关于买入时机

问题 1. 关于买入的时机，您有什么好的建议呢？

本杰明·格雷厄姆　我们认为，除非将购买的时机与诱人的低价相联系，否则无法判断股市买卖的最佳时机。

问题 2. 我们有可能抓住股价波动的反转点吗？

本杰明·格雷厄姆　试图抓住股价波动的反转点是不切实际的。这样的愿望是很难实现的，他们会在短暂成功后以全盘失败而告终。

沃尔特·施洛斯　大家都想抓住股价波动的反转点作为买入时机。大家都玩的游戏，我就不参与了。

查尔斯·布兰帝　我们并不去预测市场情绪具体会什么时候发生转换，因为这种预测具有投机性质。这种预测市场时机的行为完全是徒劳。但是我们相信自由市场对公司的定价会逐渐趋于合理。

特维迪·布朗　在 35 年的投资生涯中，我还从未发现过一种行得通的短线择机策略。

问题 3. 需要等到股价回升已经确定后再买入吗?

本杰明·格雷厄姆　只在股价回升已经确定无疑后再买入，这是最为公众接受的判断股票买入时机的原则，也就是所谓的右侧交易。但是这个原则与我们投资的基本属性相悖。投资者应该具有耐心和勇气，他们应该在其他投资者因担心沮丧而开始抛售时买入。如果在其他投资者因担心沮丧而抛售时不敢买入，又如何将自己与投机者区分开呢？又如何能获得比投机者更好的投资结果呢？

第五节　风险与收益

问题 1. 只有承担高风险，才能获得高收益吗？

本杰明·格雷厄姆　这一点我们不能同意，收益并不是与风险成正比的。投资者的目标收益率是由其能够为投资付出的智慧决定的。图省事且注重安全性的防御型投资者理应得到较低收益率。而那些精明且富有经验的进取型投资者，由于他们付出了更多的智慧和精力，理应得到更高的回报。

问题 2. 什么是风险？

查尔斯·布兰帝　有效市场理论将风险等同于短期股价波动，这个理论假设的前提就是错的，结论也必然是错的。风险的真正定义应该是亏损的可能性。真正应该关注的风险是公司的基本商业价值，公司的生意是否能够创造价值，不只是为股东，同时也为他们的客户，为他们的员工创造价值，看公司是否能够创造新的财富来增加他们的价值。这些都与股价短期波动没有任何关系。

购买 β 值较低的股票可以降低投资组合的短期波动，但是也会降低长期投资收益，从而使投资者无法实现长期投资目标。

第六节　其他问题

问题 1. 寻找价值投资机会时，你最看重的几个要素是什么？

欧文．卡恩　在寻找投资机会时，我比较重视以下四点。

（1）当前没人愿意要的公司。

（2）我们非常重视资产负债表，希望公司没有负债或低负债，不希望公司有高杠杆，高杠杆会让我们感到不舒服。

（3）我们希望管理层持有一定数量的本公司股票，拥有的数量越多越好，这样管理层才能够和我们站在一边。

（4）我们会考虑在经营正常的情况下，公司的盈利能力是多少。我们不在乎公司今年赚钱还是亏钱，当期亏钱的公司很可能为我们带来好的买入机会。

沃尔特·施洛斯　我有下面四条衡量标准。

（1）当前陷入困境、股价创新低的股票。

（2）负债低，债务会给人带来很多麻烦。

（3）管理层持有相当数量的股票。

(4) 公司要有相当长的历史，这样才容易做定量分析。

麦克尔·普莱斯　我会从下面三个方面综合考虑。

(1) 股价低于净资产。

(2) 公司管理层持股越高越好。

(3) 干净的资产负债表，负债越少越好。

查尔斯·布兰帝　我比较重视下面四条检验标准。

(1) 过去五年没有持续性损失。

(2) 总负债低于有形权益总额100%。

(3) 股票价格低于每股净资产。

(4) 盈利率至少为长期（20年）AAA级债券收益率的2倍。

问题2. 格雷厄姆的投资方式今天是否依然有效?

沃伦·巴菲特　在今天的市场中，按照格雷厄姆的投资方式买入从数据统计上看非常便宜的公司，依然是非常不错的群买操作。但是，格雷厄姆的方法并不适用于大规模资金。

沃尔特·施洛斯　现在做价值投资的人越来越多了，价值投资也越来越难做了。现在的证券分析师更多了，竞争比以前更激烈了。不过我们喜欢买那些行业陷入困境的公司，喜欢下跌时买入、上涨的过程中卖出。证券分析师是不愿意买入下跌的股票的，人们还是喜欢买涨不买跌。另外，我们可以拿一只股票五年，证券分析师对这种股票是不会感兴趣的。

查尔斯·布兰帝　我们一直采用格雷厄姆的投资方式在全世界范围内寻找投资机会。现在我们管理的总资金有300亿美元，目前还是可以为这些资金找到足够多的投资机会的。当你的资金特别大的时候，就不能忽视任何发现的投资机会。虽然现在获取信息比几十年前更加方便了，但是人类的行为方式永远不会改变——人们依然喜欢夸大短期事件的影响，依然喜欢将某种趋势外推。格雷厄姆的价值投资方式今天依然有效。

问题 3. 关于买入股票的流动性，有什么要求？

沃尔特·施洛斯　最好不要买入大量有价无市的股票，因为行情不好的时候根本卖不出去。如果投入总资金的 1% 或 2% 买入不活跃的股票，那么是没有问题的。如果投入总资金的 20% 或 25%，在想要卖出时就会被困住。

查尔斯·布兰帝　在大部分情况下，对购买价值被低估的优质公司并长期持有的机构投资者和个人价值投资者而言，股票每天成交量的大小并不重要。

问题 4. 如果相关公司数据过多或过少怎么办？

本杰明·格雷厄姆　如果关于公司的数据过多，那么我们不应受海量数据信息的误导，对于一些对最终结果影响不超过 5% 的次要信息，进行过多研究是不必要的，应该忽略掉。

如果缺少公司的关键信息，我们就应及时放弃，因为我们不能为了获取这些信息而付出过多努力。

问题 5. 普通股投资与债券投资有什么相似之处？

本杰明·格雷厄姆　普通股投资技术和债券投资技术极其类似。普通股投资者和债券投资者都想要投资于稳定的公司，都希望该公司的收益要超过股息足够多。当然，股票投资所要求的安全边际比债券投资要小，这一劣势被股票收益率高（主要是因为股票有留存收益再投资，而使收益增加，进而使股息有增加的可能性）的优势所抵消。一个股票投资者可以认为自己的情况与一个二流债券购买者差不多；从本质上讲，股票投资者相当于牺牲了一定程度的安全性，以换取更高的收益。

问题6. 什么是防御型投资者？

本杰明·格雷厄姆　防御型（或消极型）投资者的首要目的是避免重大错误或损失；另外则是不必付出太多精力，不必经常做投资决策。

问题7. 什么是进取型投资者？

本杰明·格雷厄姆　进取型（或积极型）投资者的主要特点是，他们愿意为挑选具有吸引力的股票付出时间和精力，以获取超出平均水平的回报。

问题8. 证券分析中的主要障碍有哪些呢？

本杰明·格雷厄姆　**我认为主要障碍有三点。**

一是数据不足或不准确。这个障碍是三个里面最不重要的。大多数的数据错误都来自会计造假，而合格的分析师应该能够识别这种问题。

二是未来的不确定性。未来变化往往是不可预测的，我们的分析方法是假定公司过去的记录至少能对未来起到指示作用。对这一前提的怀疑越多，分析的价值也就越低。所以这种分析方法对于债券要比普通股更加有用；应用于具有稳定特性的行业比富于变化的行业更加有用；在比较正常的一般情况下比在充满变化的不确定的情况下更加有用。

三是市场的非理性行为。这有可能造成价值回归迟缓。由于时间太长，在股票价值回归之前，新的决定性因素可能会出现。

问题 9.《证券分析》与学院派投资学著作有什么区别呢?

本杰明·格雷厄姆　我们强调理论，但并不是关注理论本身，而是重视它对实践的指导意义。

问题 10. 价值投资在中国有效吗?

谢清海　惠理集团赞助香港科大商学院做了亚洲各国股票市场（包括中国市场）过去几十年价值型策略的有效性研究，研究结果显示，价值投资策略在亚洲各国市场也一样有效。研究报告可以从下面这个网址下载，http：//lbcone. ust. hk/hkustpub/list. php? id =41575。

第六章

随笔

从格雷厄姆拒绝成长股施乐谈起[①]

1951 年的时候，沃尔特·施洛斯还在为格雷厄姆工作。一天，沃尔特·施洛斯向格雷厄姆推荐了一只股票：这家公司掌握了可以生产复印机的技术，有着很好的发展前景。但格雷厄姆说："沃尔特，我们不买这样的股票。"非常具有戏剧性的是，这只股票成为了后来的超级大牛股——施乐公司。

施乐这样的成长股是大多数个人投资者包括机构最想寻找的一类股票。格雷厄姆拒绝买入，眼睁睁看着这样的大牛股上涨几十倍，看上去似乎很傻。格雷厄姆为什么不买施乐？是因为格雷厄姆看不出施乐的收益成长潜力吗？

这其中的原因，从格雷厄姆的投资习惯来分析可能会有答案。首先，格雷厄姆的投资方法是以安全边际为基础，并不是以精准预测未来为基础。这一点与很多机构的做法都不同。在未来收益成长和股价

---

① 2016 年 9 月 29 日，公开发表于雪球。

充足的安全边际两个条件只能二选一的情况下，大多数机构会优先考虑未来收益增长，而格雷厄姆则会优先考虑股价是否有充足的安全边际。格雷厄姆拒绝买入施乐，或许是因为这只股票的价格达不到他足够的安全边际的要求。

有人会说，为什么不买入同时能满足安全边际和未来收益成长两个条件的股票？也就是说以极低的价格买入好公司？原因是这样的机会很少。格雷厄姆买入的政府雇员保险公司，就是这种两全其美的情况。如果投资者坚持一定要买入这样的公司，估计要忍受很长时间空仓等待的煎熬。

像这样被格雷厄姆错过的大牛股可不止施乐一只。其实早在 1940 年出版的《证券分析》中，格雷厄姆就提到了当时的热门股可口可乐和高速成长中的菲利普・莫里斯。请注意这个时间是 1940 年。今天来看，这两只股票可能是上个世纪最牛的两只成长股。

股价具备足够的安全边际是格雷厄姆的优先原则，追求的是定量数据上的便宜，尤其强调资产的保护。他认为一切分析都要从净资产出发，然后再考虑收益等其他因素。当然，不一定说每只股票的买入价都必须低于净资产。对于成长股，他认为如果能以 1 倍 PB 甚至是 2 倍 PB 买到，都是值得的。如果说 2 倍 PB 是他对成长股出价的上限，那么 5 倍甚至 10 倍 PB 的价格，即使是 1940 年的可口可乐和菲利普・莫里斯，他也不会买。我的看法是，其实他并不是不喜欢这些成长股，他只是不喜欢他们的价格。格雷厄姆能做到坚持自己的原则，不越雷池一步。

今天，很多巴菲特迷认为格雷厄姆是“捡烟蒂”理论的提出者，但他的这种理念有其特定的时代背景（说白了就是过时了），在现阶段巴菲特、芒格提倡的“以合理价格买入优质公司”的原则或许更合时宜。按照这种说法，以格雷厄姆的原则是很难买到好公司的，巴菲特迷们早已经跟随巴菲特“跳”过了猿的阶段，直接进化成人了。

对于可口可乐和菲利普·莫里斯这样有着很高品牌价值的轻资产公司，格雷厄姆真的不清楚其特有的优势吗？

格雷厄姆曾在著作中这样论述：

现代条件下，商誉甚至是高效率的组织性等所谓“无形资产”，从纯经济的角度来说，完全和房屋机械等同样真实。这些无形资产的收益与那些只需要现金投资的生产设施相比，甚至可能更不易受到竞争的威胁。此外，在条件有利时，资本投资规模相对较小的公司增长速度可能会更快。通常它用来扩大其销售和利润的开支更低，因此，对其股票持有人来说，这种公司比一家每 1 美元的销售额都需要高额厂房投资才能完成的公司来说，盈利更为迅速，更加有利可图。

其实，格雷厄姆很早就对此看得通透。

换一个角度来说，为什么这么多包括机构在内的投资者如此喜爱成长股呢？我认为最主要的原因，是那些大牛股在回溯历史时，让人一目了然，更富有戏剧性，更容易给人留下深刻的印象。比如香港上市的腾讯控股，过去十年上涨了 100 倍——这正是机构们追捧的对象。

而格雷厄姆投资体系下寻找的便宜货，往往并不是那些能翻十倍甚至几十倍的大牛股。它们“仅仅”是一个又一个的在数据定量上极其便宜、股价向下有保护、向上有翻倍潜力的投资机会。投资者需要通过调整组合中的股票实现持续的资本增值，这并不像买入一只世纪大牛股那样直观而且富有戏剧性。也许这是很多机构不喜欢格雷厄姆方法的原因之一。

我不会直接下结论，认为格雷厄姆这样以安全边际优先的选股方法就一定更好，但我们可以从几个方面探讨这个问题。

第一，从概率分布角度来看，从这些股价有充足安全边际的标的中选出未来高收益率股票的概率，远远高于从成长型股票中选出的标的。

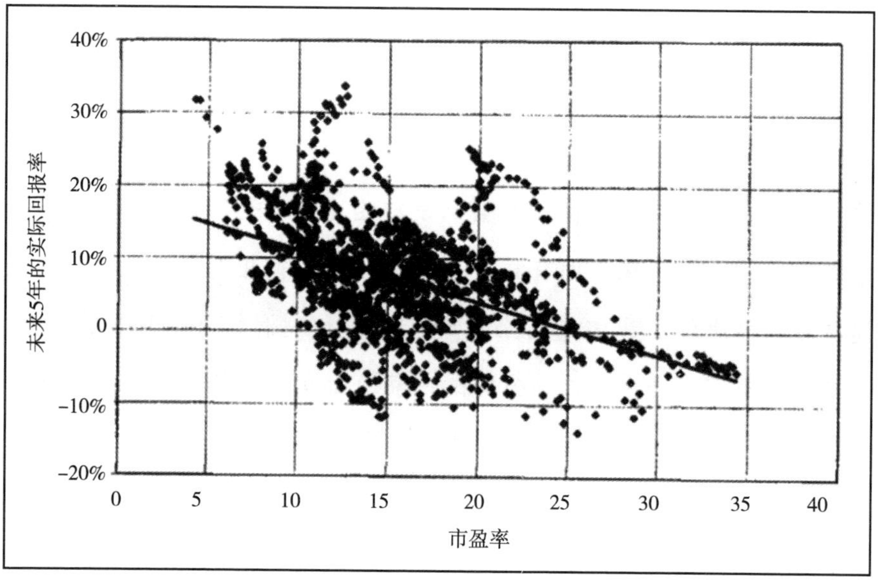

图6－1　用过去5年盈利平均值进行指数平滑处理后的盈利收益率与未来5年实际回报率的比值（1876年1月—2001年12月）

资料来源：杰里米·J. 西格尔．股市长线法宝［M］．北京：机械工业出版社，2011.

选出未来成长前景最好的股票，是大多数机构和个人都喜爱的方法，所以这类股票投资的竞争者就会非常多。这就要求投资者对行业和公司格局的各个变量，包括上游下游了如指掌。对行业认识的深度必须超越市场，才有可能做出超越市场的投资决策，但这样的要求非常高。各大机构的研究员，基本都是名校毕业的高智商人才，他们中的绝大部分都认为自己的认知可以超越市场。但无论他们有多自信，由于概率和人性使然，作为整体，成长股投资并没有长期战胜过以安全边际为核心的价值股投资。这一事实，源自美国多家机构对价值型股票和成长型股票收益率几十年的历史回溯比较，结论都差不多，即价值型股票长期完胜成长型股票。这里不再赘述。

第二，从容错能力的角度来看，以安全边际优先的选股方法容错能力更强，某些情况下，即使你判断错了，往往也可以赚钱。

在本书第一章有一个关于马克卡车公司的案例，出自1940年版的《证券分析》，其展示的就是安全边际的力量。这个案例展现了优先考虑股价是否有充足安全边际这种选股方法的容错能力。即使公司未来前景不及预期，只要有足够的安全边际，也可能大概率不亏钱，甚至赚钱。

这样的案例在今天的港股市场上有很多。2016年我见到多只股票，在收益并没有出现反转的情况下，股价反而大幅上涨，如英皇娱乐酒店、兴达国际、英皇钟表珠宝。无论上涨的原因是大盘整体水位上升，还是市场参与者发现了它们的价值，这些股票的共同特点是股价相对于价值都足够便宜，都有充足的安全边际。

而按照未来收益成长优先原则买入的股票，如果收益成长不达预期，很可能就要付出代价。

第三，以股价充足的安全边际条件优先的方法，有资产和收益的双重考量，这样以资产为分析的出发点，更加符合商业思维逻辑。

格雷厄姆认为，无论是买成长股还是价值股，都要像一个老练的商人收购公司一样去思考，这是验证买入是否合理的一个试金石。相反，以未来收益增长为优先原则买入股票，只有收益一个考量标准，验证条件单一。想象一下，李嘉诚这样老练的商人会因为一家公司今年的收益增长了30%，超出市场预期而加价30%来收购一家公司吗？这是不符合商业逻辑的，这种事情也只有在金融市场里能出现。

第四，行业的前景变化无常，看上去好的，不一定美妙；看上去差的，或许没那么糟糕。

有两家公司，一家是热门股，一家是冷门股，估值相差很大。热门公司每股净资产 10 美元，股价 45 美元。冷门公司正好相反，每股净资产 40 美元，股价是 25 美元。

其实，他们是一家公司——分别是波音公司的两个不同年份。1939 年时，波音公司股价 45 美元，每股净资产 10 美元，盈利不多，但前景被看好；1945 年，二战结束，投资者认为飞机卖不出去了，对波音公司的前景充满悲观。

最终的结果是，1939 年，45 美元买入波音的人此后几年会损失惨重；而 1945 年，波音市场前景不被看好时买入则后来获利丰厚。

以上四点是我个人对安全边际选股法相对优势的思考。

另外，很多成长股投资者认为这些股票代表一个国家的未来，为什么要去买那些没人要的夕阳产业呢？

这一点我同意，这些热门行业确实是一个国家的未来。首先，我们应该清楚，选出未来前景最好的行业并不难。但是，要从这么多行业竞争者中选出最终的胜者可绝对不是一件容易的事。美国的航空业、电脑业、汽车制造业都曾经是当时的朝阳产业。20 世纪早期，汽车制造业在美国绝对属于朝阳产业，行业高速发展，但是我们可以看看这些早已经消失的汽车品牌，如帕卡德、富兰克林、哈德森等（http：//www. autohome. com. cn/dealer/201311/6640176. html），如图 6 – 2 所示。试问：从早期众多汽车品牌中找出最后的赢家真的那么容易吗？

再比如现在的 VR 行业，几乎所有的人都知道 VR 行业前景广阔，所以必定会有大量的热钱投入到这个行业，加剧行业竞争。这一点可以看看 RIO 鸡尾酒，早期买入百润股份的投资者可能冒着风险赚到

图 6－2　已经消失的汽车品牌

钱，但由于没有护城河，大量热钱迅速涌入这个行业，随着百威、AK－47等众多鸡尾酒品牌投放市场，竞争加剧，百润股份 2016 年上半年就直接转为亏损。那些抱着对 RIO 美好憧憬高价买入股票的投资者，必定损失惨重。而那些当前的冷门夕阳行业，相对来说新进入的外来竞争压力则要小很多。

为什么高价买成长股会亏钱，而低价买烟蒂股会赚钱[①]

大部分投资者很难理解为什么买入烟蒂股能赚钱，而溢价买入成长股却很难赚钱。其中的秘密就是市场预期收益与公司实际收益差。

股价是否上涨实际上是市场预期收益与公司实际收益共同作用的结果。公司实际收益高于市场预期收益，股价就可能上涨；公司实际收益低于市场预期收益，股价就可能下跌。如图 6 – 3 所示，必须右边的图标高于左边的图标，股价才可能上涨。

要使右边的图标高于左边图标，有两种方法：

一是提高右侧图标，像大多数投资者那样，寻找到未来实际收益高速增长的股票。

二是降低左侧图标，在低市场预期收益的股票中寻找机会。

让我们先看看投资大师们是怎么做的吧。

---

① 2015 年 8 月 7 日，公开发表于雪球。

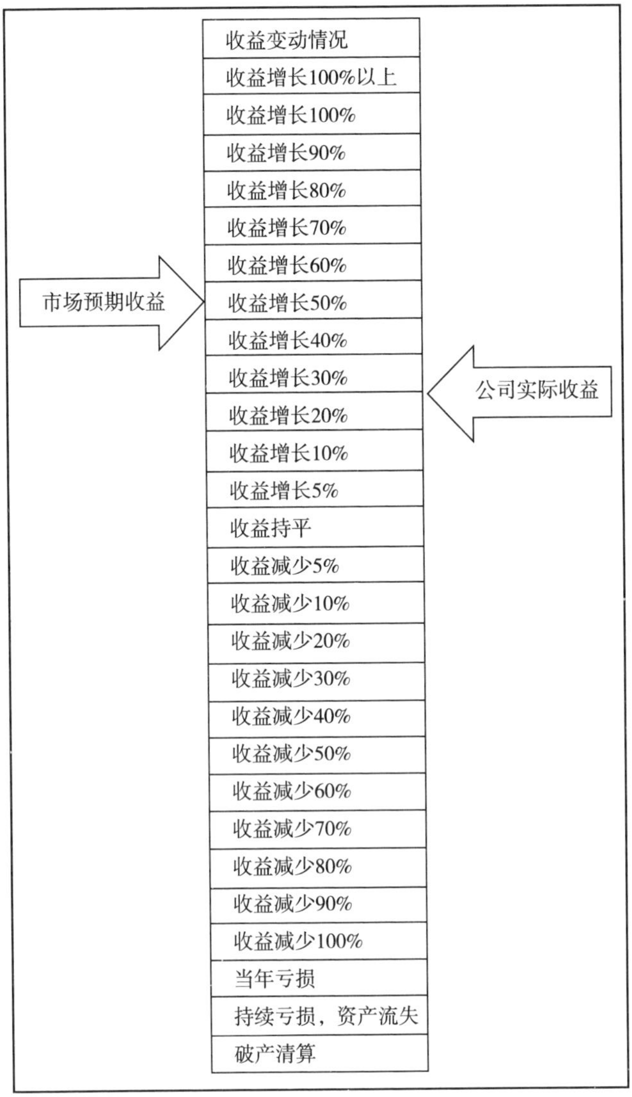

图 6－3　市场预期收益 VS 公司实际收益

彼得·林奇的方法

图 6－3 中，越向上，实际收益实现的难度就越高，对投资者定性分析的要求就越高。林奇的做法是在高速增长的股票中寻找机会，他

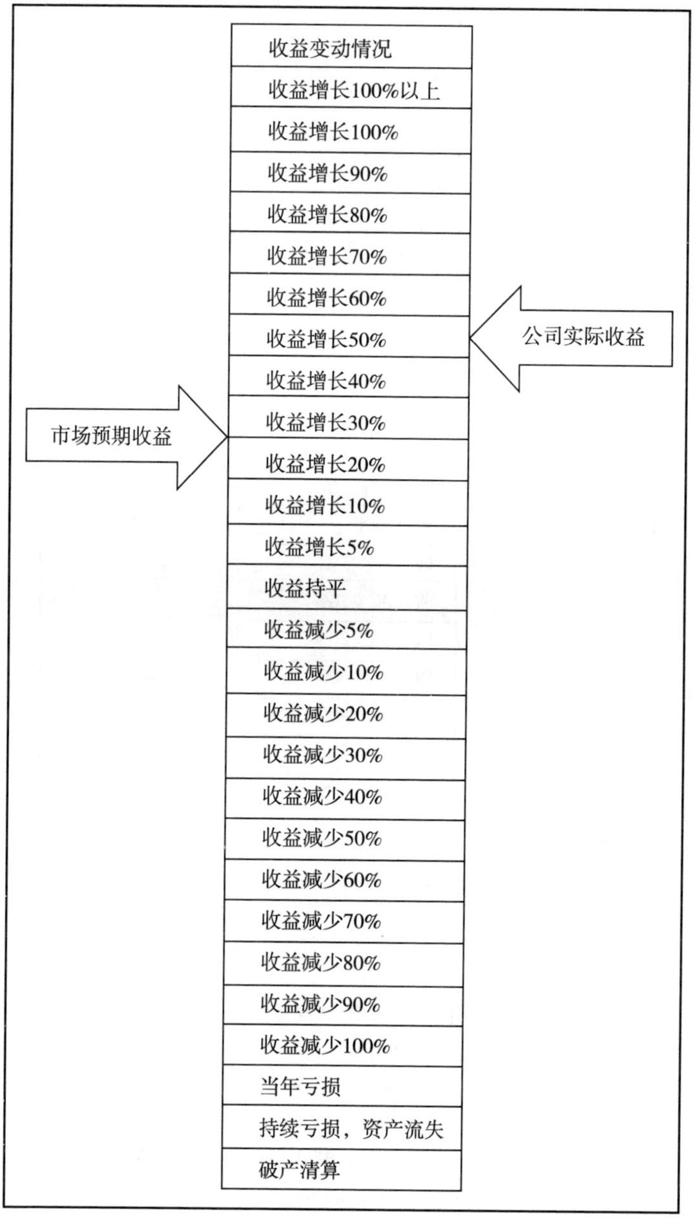

图 6－4　林奇的方法

比较喜欢以 25 倍市盈率买入收益增长率 50% 的公司，也就是市盈率是公司实际增长率一半的公司，如图 6－4 所示。林奇的这种方法选出的公司，由于市场预期收益比较高，市场给股票的市盈率也会很高，对公司实际收益达到市场预期收益的难度也比较大，对投资者来说风险性比较高。不过林奇通过自己的勤奋，实现了 13 年的高收益记录。我一直在想，假设林奇不退休，一直掌管富达到今天，会是什么样的结果。我不是怀疑林奇最终的收益结果，而是怀疑林奇那样拼命的工作方式，他的身体是否能够坚持到今天。

本杰明·格雷厄姆、沃尔特·施洛斯等价值派的方法

图 6－3 中，越向下，实际收益实现的难度就越低，对投资者定性分析的要求也就越低。这些价值型投资者采用的方法就是降低左侧市场预期，在市场给出绝望价格的股票中寻找机会被动投资，如图 6－5 所示。他们喜欢买入市盈率低于 7 倍的公司，7 倍市盈率的倒数是盈利率 14%，也就是说公司实际收益下降 50%，投资收益率依然高于长期国债的平均收益率。格雷厄姆实际上在做着收益下降 50% 的假设。

格雷厄姆甚至认为，预期当期亏损也不用太在意，只要公司行业地位稳固，有着良好的历史记录，资产负债表中的资产损失不大。未来只要不持续亏损，不发生持续资产流失，股价就可能上涨。这就是烟蒂股的赚钱逻辑，这样的一组股票持有五年，五年当中任何一年公司实际收益高于左侧市场预期收益，不发生亏损，股价都有可能大涨。由于市场预期收益很低，持有一组这样的低价股，未来几年不一定什么时候就可能给你带来惊喜。

投资 A 股创业板“大师”们的方法

之前我们说过，图 6－3 越向上，实际收益实现的难度就越高。这些 A 股创业板投资“大师”们喜欢买入市盈率高于 100 倍，也就是预

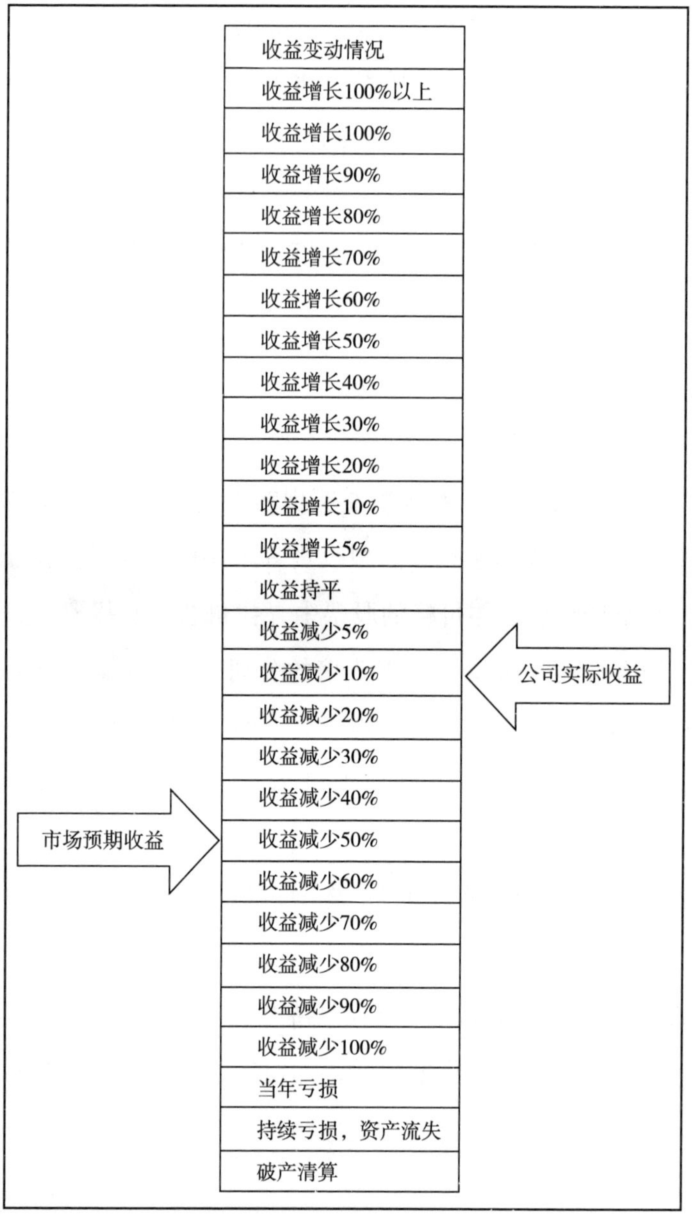

图 6－5　价值派的方法

期收益增长率高于 100% 的股票，如图 6－7 所示。只有公司实际收益增长率超过 100%，才能够支撑 100 倍以上的市盈率。有谁见过收益

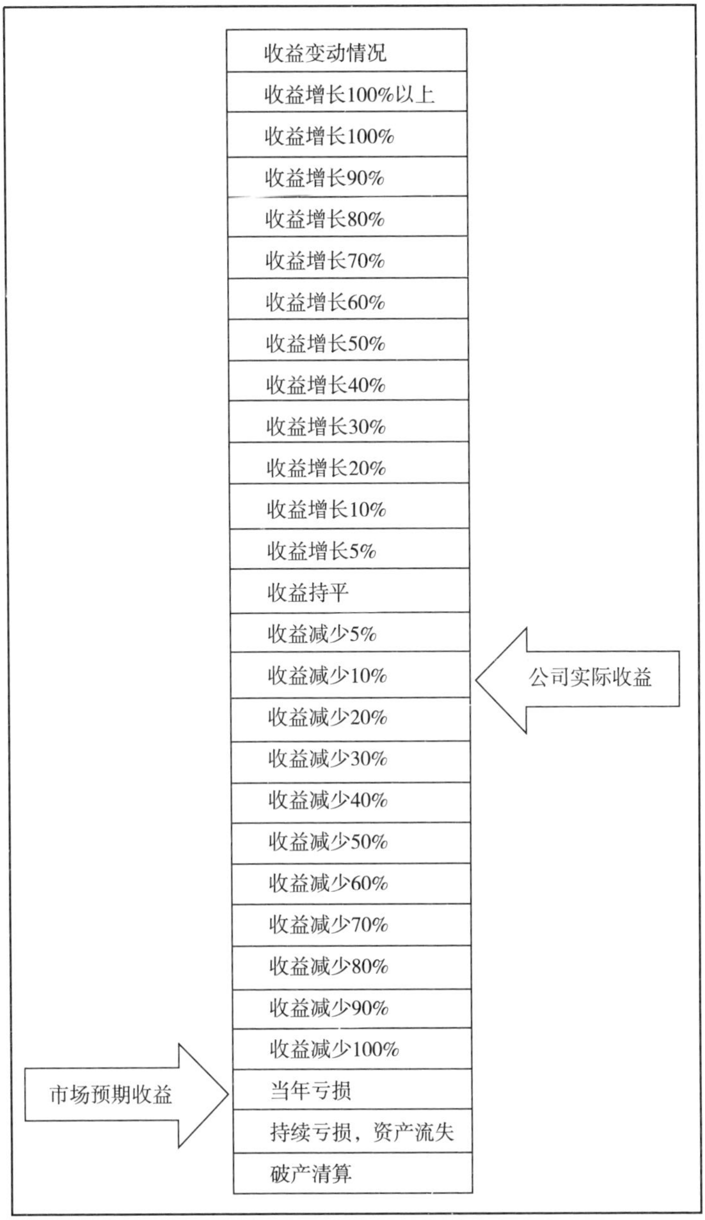

图 6－6　格雷厄姆的方法

增长率持续超过 100% 的公司吗？如果一家公司可以每年收益增长 100%，连续十年收益就可以增长 1000 倍，怎么可能做到。

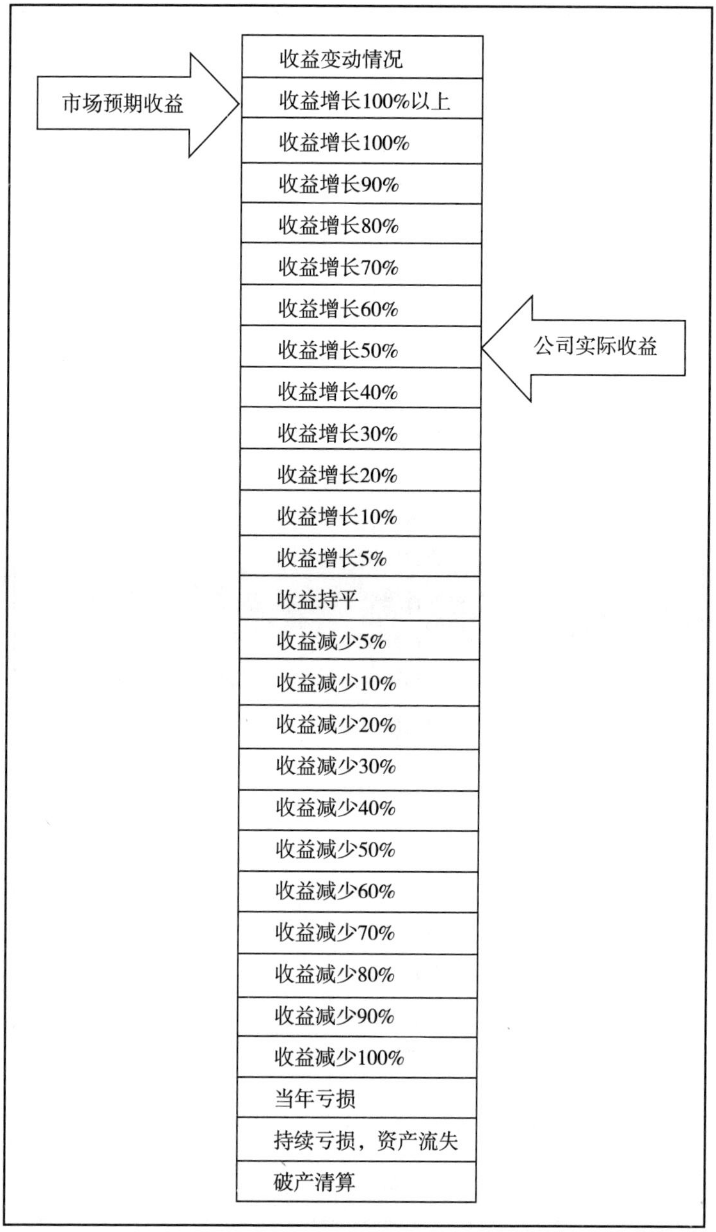

图 6－7　A 股创业板投资者的方法

如果这样的高市盈率热门公司，在未来五年，有任何一年公司实际收益增长率低于市场预期的 100%，即使收益增长率非常出色，达到 50%，股价依然可能暴跌。可以说高价买入高市场预期的热门成长股，几年之内股价暴跌绝对是大概率事件。经常会听人说某只股票遭遇黑天鹅，其实没有什么黑天鹅，可以这么说，高价买入高市场预期的热门成长股，遭遇黑天鹅是必然，只是时间问题。

最后得出结论：低价买入低市场预期冷门股，投资处处有惊喜；高价买入高市场预期的热门成长股，投资处处黑天鹅。

推荐书单

格雷厄姆式价值投资书籍

本杰明·格雷厄姆．证券分析(1940 版)[M]. 巴曙松,陈剑,等,译. 北京:中国人民大学出版社,2013.

本杰明·格雷厄姆．证券分析(1934 版)[M]. 海口:海南出版社,1999.

本杰明·格雷厄姆．聪明的投资人(第 4 版)[M]. 北京:人民邮电出版社,2010.

本杰明·格雷厄姆．智慧型股票投资人[M]. 寰宇出版股份有限公司,1996.

珍尼特·洛尔．价值再发现:走近投资大师本杰明·格雷厄姆[M]. 北京:机械工业出版社,2000.

罗德尼·克莱因,戴维·达斯特．格雷厄姆谈投资[M]. 北京:中信出版社,2010.

沃伦·巴菲特致股东的信(1958—1969).

克里斯托弗·布朗．投资的头号法则[M]．广州:广东经济出版社,2007.

特维迪·布朗公司网站:http://www.tweedy.com.

查尔斯·布兰帝．今日价值投资[M]．北京:中国青年出版社,2008.

查尔斯·布兰帝. The Independent Investor.

布兰帝投资伙伴公司网址:https://www.brandes.com.

约翰·聂夫．约翰·聂夫的成功投资[M]．北京:机械工业出版社,2008.

劳伦·C. 邓普顿,斯科特·菲利普斯．邓普顿教你逆向投资[M]．北京:中信出版社,2010.

事件驱动风格价值投资大师的书籍

塞斯·卡拉曼．安全边际(尚无中文译本).

马丁·惠特曼．现代证券分析[M]．北京:机械工业出版社,2015.

马丁·惠特曼．马丁·惠特曼的价值投资方法[M]．北京:机械工业出版社,2013.

马丁·惠特曼．攻守兼备——积极与保守的投资者[M]．上海:上海财经大学出版社,2008.

乔尔·格林布·拉特．股市天才[M]．北京:中国青年出版社,2011.

巴菲特价值投资书籍

沃伦·巴菲特致股东的信(1970—2015).

罗伯特·哈格斯特朗．巴菲特之道（第3版）[M].杨天南,译．北京:机械工业出版社,2015.

任俊杰．穿过迷雾:巴菲特投资与经营思想之我见[M]．北京:中国经济出版社,2016.

价值投资大师演讲网址

http://www. bengrahaminvesting. ca/

投资理念书籍

霍华德·马克斯．投资最重要的事[M]．北京:中信出版社,2012.

套利书籍

徐大为,刘颖．低风险投资之路(第2版)[M]．北京:中国经济出版社,2016.

詹姆斯·阿尔图切尔．像巴菲特一样交易[M]．北京:机械工业出版社,2006.

财务书籍

唐朝．手把手教你读财报[M]．北京:中国经济出版社,2015.

参考文献

本杰明·格雷厄姆．证券分析(1940 版)[M]．徐彬,陈幸子,张宇,等,译．北京:中国人民大学出版社,2009.

本杰明·格雷厄姆．证券分析(1940 版)[M]．巴曙松,陈剑,等,译．北京:中国人民大学出版社,2013.

本杰明·格雷厄姆．证券分析(1934 年第一版)[M]．邱巍,等,译．海口:海南出版社,1999.

本杰明·格雷厄姆．证券分析(1951 年第三版)[M]．崔世春,译．上海:上海财经大学出版社,2009.

本杰明·格雷厄姆．聪明的投资人(第 4 版)[M]．王中华,黄一义,译．北京:人民邮电出版社,2010.

本杰明·格雷厄姆．智慧型股票投资人[M]．俞济群,译．台北:寰宇出版,1996.

珍尼特·洛尔．价值再发现:走近投资大师本杰明·格雷厄姆[M]．李琰,等,译．北京:机械工业出版社,2000.

罗德尼·克莱因,戴维·达斯特. 格雷厄姆谈投资[M]. 张岩,李红梅,译. 北京:中信出版社,2010.

克里斯托弗·布朗. 投资的头号法则[M]. 刘寅龙,译. 广州:广东经济出版社,2007.

查尔斯·布兰帝. 今日价值投资[M]. 徐艳芳,译. 北京:中国青年出版社,2008.

查尔斯·布兰帝. The Independent Investor.

劳伦·C. 邓普顿,斯科特·菲利普斯. 邓普顿教你逆向投资[M]. 杨晓红,译. 北京:中信出版社,2010.

沃伦·巴菲特致股东的信(1958—2015).

罗伯特·哈格斯特朗. 巴菲特之道(第3版)[M]. 杨天南,译. 北京:机械工业出版社,2015.

詹姆斯·阿尔图切尔. 像巴菲特一样交易[M]. 胡志强,译. 北京:机械工业出版社,2006.

杰里米·J. 西格尔. 股市长线法宝[M]. 范霁瑶,译. 北京:机械工业出版社,2011.

唐朝. 手把手教你读财报[M]. 北京:中国经济出版社,2015.

本杰明·格雷厄姆,克宾塞·B. 麦勒迪斯. 上市公司财务报表解读[M]. 王玉平,译. 北京:华夏出版社,2004.